Mosaik
bei GOLDMANN

Buch

Der Weg vom Kind zum Mann ist ziemlich anstrengend – für den Jungen und die Eltern gleichermaßen. Dabei müssen Jungs auch noch cool sein – so, als wüssten sie schon alles über Mädchen, Sex und diesen Kram. Sie können nicht einfach mit ihren Fragen und Problemen zu einem Freund oder zu den Eltern gehen. Dieses Buch ist eine praktische Gebrauchsanweisung fürs Erwachsenwerden. Es beschreibt im Klartext, wie sich der Körper in der Pubertät verändert, und beantwortet alle wichtigen Fragen, die Jungs zwischen acht und fünfzehn beschäftigen: zu Liebe und Sex, Stimmbruch, Muskeln und Männlichkeit. Die Autorinnen vermitteln ihren jungen Lesern das beruhigende Gefühl, mit ihrer Unsicherheit nicht allein zu sein – und auch Eltern finden Hilfe, damit sie ihre »Heranreifenden« besser verstehen.

Autorinnen

Lynda Madaras hat zahlreiche Bücher zu den Themen Gesundheit und Erziehung veröffentlicht. Sie unterrichtet seit über 20 Jahren Sexualkunde in Kalifornien.

Area Madaras half bereits mit elf Jahren ihrer Mutter beim Schreiben ihrer Bücher. Sie studierte Kommunikationswissenschaft und ist heute stellvertretende Geschäftsführerin einer bekannten Internetfirma.

Von den Autorinnen
außerdem bei Mosaik bei Goldmann:

Mädchen, Mädchen (16510)

Lynda Madaras
Area Madaras

Junge, Junge

Was passiert mit mir und meinem Körper

Für Eltern und Söhne

Aus dem Amerikanischen von Ute Korte

Mosaik
bei GOLDMANN

Die Ratschläge in diesem Buch sind von den Autorinnen und vom Verlag sorgfältig erwogen und geprüft, dennoch kann eine Garantie nicht übernommen werden. Eine Haftung der Autorinnen bzw. des Verlags und seiner Beauftragten für Personen-, Sach- und Vermögensschäden ist ausgeschlossen.

Umwelthinweis:
Alle bedruckten Materialien dieses Taschenbuches
sind chlorfrei und umweltschonend.

Deutsche Erstausgabe Mai 2003
© 2003 der deutschsprachigen Ausgabe
Wilhelm Goldmann Verlag, München,
ein Unternehmen der Verlagsgruppe Random House GmbH
© 1983, 1988, 2000 by Lynda Madaras and Area Madaras
Published by Arrangement Newmarket Press
Originaltitel: The What's Happening To My Body? Book For Boys
Originalverlag: Newmarket Press, New York
Dieses Werk wurde vermittelt durch die
Literarische Agentur Thomas Schlück GmbH, 30827 Garbsen
Illustrationen: Simon Sullivan und Jackie Aher
Umschlaggestaltung: Design Team München unter
Verwendung eines Fotos von Zefa / A. Huber / U. Starke
Redaktion: Christine Pfützner
Satz: Barbara Rabus, Sonthofen
Druck: GGP Media, Pößneck
Verlagsnummer: 16509
Kö · Herstellung: Max Widmaier
Printed in Germany
ISBN 3-442-16509-1
www.goldmann-verlag.de

1 3 5 7 9 10 8 6 4 2

Inhalt

Vorwort

Zwischen Teenagern und Autos gibt es gewisse Ähnlichkeiten – beide sind sehr leistungsfähig, brauchen gelegentlich viel Pflege und können sich beim Anlassen, Steuern und Bremsen als schwierig erweisen –, aber leider gibt es für Teenager keine Bedienungsanleitung wie für Autos. Ein häufiges Hindernis bei der Kommunikation zwischen Eltern und Teenagern ist, dass beide Seiten nicht wissen, was sie voneinander zu erwarten haben. Wenn Eltern ihren Kindern etwas beibringen möchten, versuchen sie ihnen das zu vermitteln, was sie von ihren eigenen Eltern gelernt haben. Das funktioniert zwar recht gut bei Dingen wie Hobbys, Fußball oder Kochen, Schule usw., versagt aber meist bei Themen wie Sexualität und Pubertät, denn die meisten Eltern haben ihre Kenntnisse auf diesem Gebiet nicht von den eigenen Eltern erworben und verfügen deshalb auch über kein Vorbild, nach dem sie sich richten können, wenn sie mit ihren eigenen Kindern darüber sprechen wollen.

Das vorliegende Buch von Lynda Madaras kann sowohl als Handbuch für Teenager als auch als Leitfaden für Eltern verwendet werden. Ich stimme mit der Autorin überein, dass Eltern und Kinder dieses Buch gemeinsam lesen sollten, denn es bereitet Teenager und Eltern auf die bevorstehenden Veränderungen vor und ist zudem eine gute Informationsquelle für Jugendliche bei allen Fragen zu Veränderungen des eigenen Körpers.

Als Leiter mehrerer Vater-Sohn-Seminare zur Pubertätsentwicklung für fünfzehnjährige Jungen und ihre Väter konnte ich feststellen, dass der dabei behandelte Stoff weitaus weniger wichtig ist als die Gespräche, die sich danach auf dem Heimweg und zu Hause ergeben, und dieser Ratgeber ist ein ausgezeichneter Ausgangspunkt für derartige Gespräche. Es ist für mich das Buch, das ich Eltern empfehle, wenn sie Hilfe und Rat in Bezug auf die Pubertät ihrer Kinder suchen.

MARTIN ANDERSON, M.D., M.P.H.
Leiter der Jugendmedizin
UCLA Abteilung für Pädiatrie
Los Angeles, Kalifornien

Einleitung für Eltern

Warum ich dieses Buch geschrieben habe

Gegen Ende jedes Schuljahrs gebe ich den Jungen und Mädchen in meinem Aufklärungsunterricht ein rohes Ei und eine Hausaufgabe, die folgendermaßen lautet:

»Wir wollen jetzt einmal spielen, dass dieses Ei eine Woche lang euer ›Baby‹ ist. Ihr müsst es glücklicherweise nicht füttern oder die Windel wechseln und ihr müsst auch nicht arbeiten, um ihm Essen und Kleidung zu kaufen bzw. ihm ein Dach über dem Kopf zu geben. Aber ansonsten müsst ihr euch um das Ei kümmern, als wäre es ein echtes Baby, für das ihr verantwortlich seid. Das heißt, ihr dürft es nicht allein lassen, es sei denn, ihr findet jemanden, der es in eurer Abwesenheit betreut.

Ich mache es noch etwas leichter für euch, denn ich gehe davon aus, dass eure ›Babys‹ schon alt genug sind, um nachts durchzuschlafen. Das heißt, dass euer ›Baby‹ nachts nicht um zwei oder drei Uhr aufwacht und schreit, weil es gefüttert werden will, wie es bei den meisten Säuglingen in den ersten Lebensmonaten üblich ist. Deswegen müsst ihr es abends nur in den Kühlschrank legen und braucht euch dann bis zum Morgen nicht mehr darum zu kümmern. Aber morgens müsst ihr daran denken, es aus dem Kühlschrank zu nehmen und mit in die Schule zu bringen.

Wenn ihr einmal euer Geld oder eure Sportsachen vergesst, ist das nicht weiter tragisch. Aber wenn ihr auch nur ein einziges Mal vergesst, euer ›Baby‹ mit in die Schule zu bringen, könnt ihr nicht mehr mitspielen, denn wenn jemand vom Jugendamt ein vernachlässigtes ›Baby‹ findet, wird es den Betreuern entzogen. Ich bin bei diesem Spiel die Leiterin des Jugendamts, und alle Lehrer wie auch alle Schüler in dieser Schule sind meine Mitarbeiter. Alle ›Eiereltern‹ versprechen jetzt, für das Wohlergehen ihrer ›Eierbabys‹ zu sorgen, und als Leiterin des Jugendamts erwarte ich von jedem Mitarbeiter, dass er/sie sehr wachsam ist und unbeaufsichtigte ›Babys‹ einsammelt. Am Ende der Woche lade ich dann alle ›Eltern‹ der Eierbabys, die überlebt haben, zum Mittagessen ein. Viel Glück!«

Die »Eierbabys« in meiner Klasse haben ein schweres Schicksal: Die meisten sterben kurz nach der Geburt an Mehrfachbrüchen, einige verfaulen und andere verschwinden einfach in dieser langen Zeit, die eine Woche für Jugendliche in diesem Alter bedeuten. Wieder andere »Babys« werden von übereifrigen jüngeren Jugendamtsmitarbeitern aufgegriffen. Einmal gab es sogar ein »Baby«, das Selbstmord beging – so zumindest stellte es der »Vater« dar, als er versuchte, den Tod seines Eierbabys damit zu erklären, dass es mitten in der Französischstunde scheinbar »ganz von allein« von der Schulbank rollte. Der »Vater« versuchte zwar zu begründen, warum die Eltern eines Babys, das Selbstmord begangen hatte, es sehr wohl verdienten, zum Mittagessen eingeladen zu werden, aber die Klasse akzeptierte seine Argumente nicht.

Ich muss gestehen, dass es mir immer sehr viel Spaß macht, die Ereignisse dieser »Baby-Woche« zu beobachten. Dabei gibt es stets ein paar Jungen, die ein Mädchen überreden wollen, für ihre Babys zu sorgen, da dies eine Arbeit für Frauen sei, und es bereitet mir ein diebisches Vergnügen, wenn ich dann immer wieder sehe, wie diese Taktik fehlschlägt. Aber es gibt auch Jungen, die ihre Elternrolle sehr ernst nehmen. Dabei beobachte ich häufig, dass, während sie draußen mit vier oder fünf anderen Jungen ihr Pausenbrot essen, ihre »Babys« auf einem Stück Samt ablegen und sich über die verschiedenen Stöße und Brüche unterhalten, die ihre »Babys« fast abbekommen hätten, wobei sie sich anhören wie junge Mütter, die sich mit ihren Kinderwagen im Park treffen und dabei erzählen, wie ihre Kinder gerade eben noch irgendwelchen Katastrophen entgangen sind.

Ein bis zwei Tage, nachdem ich die Aufgabe gestellt habe, sind die »Babys« auch schon zu richtigen Persönlichkeiten geworden – es erscheinen vorsichtig gezeichnete Bleistiftgesichtszüge auf den bisher leeren »Gesichtern«, die »Kinder« haben einen Namen bekommen und es werden die raffiniertesten Betten, Wiegen und Wagen erfunden. Einmal brachte ein Junge sein Ei in einem ovalen Kunststoffbehälter mit zur Schule – eine »in sich abgeschlossene Lebenserhaltungskapsel«, wie der stolze »Vater« erklärte. Dabei überrascht es mich immer wieder aufs Neue, dass sich nicht nur jüngere Kinder, sondern auch ältere Teenager – Jungen wie Mädchen – sehr eifrig an diesem Spiel beteiligen und Kinderbettchen entwerfen, und der Anblick eines riesigen Fünfzehnjährigen, der wie ein amerikanischer Footballspieler aussieht und beim Spaziergang über den Schulhof sein Eierbaby in einem sorgfältig gebauten Milchkartonbettchen festhält, hat für mich etwas sehr Anrührendes.

Hinter den »Eierbabys« steht natürlich der Gedanke, dass die Jugendlichen eine Vorstellung davon bekommen sollen, was es bedeutet, Eltern zu sein, und welche Verantwortung damit verbunden ist, wobei die Aufgabe im Grunde nichts anderes ist als die Geschichten unserer Großmütter, in denen die Kinder davor gewarnt wurden, nicht auf dünnem Eis Schlittschuh zu laufen. Doch obwohl ich diese Warnung als Kind selbst oft genug gehört habe, bin ich trotzdem mehrmals auf dünnes Eis gegangen und bin deshalb auch nicht so naiv zu glauben, dass die Übung, eine Woche lang ein rohes Ei zu hüten, Jugendliche dazu bringt, weniger bzw. überhaupt keinen Sex zu haben oder zumindest geschützten Geschlechtsverkehr zu praktizieren. Dennoch bin ich der Meinung, dass diese Lektion nicht schaden kann, denn es gibt schließlich immer noch zu viele Teenager-Schwangerschaften, und um das zu verhindern, ist jedes Mittel, sogar ein so wenig aussichtsreiches wie die Eierbaby-Woche, einen Versuch wert – und dies umso mehr, als die Jugendlichen offensichtlich Freude an dem Thema haben und möglicherweise noch etwas dabei lernen. Ein weiterer Profit ist, dass auch ich jedes Jahr mehr über die verwirrenden Widersprüche, mit denen sich die Heranwachsenden auseinandersetzen müssen, erfahre.

Diese Jungen, die draußen auf dem Schulhof über ihren »Babys« glucken, sind dieselben, die mir von den neuesten Büchern und Filmen erzählen, in denen Detektive, Spione oder andere Helden aufregende Abenteuer erleben, bei denen sie nur knapp mit dem Leben davonkommen. Natürlich fahren ihre Idole schnelle, teure Sportwagen, sind in den verschiedensten Kampfsportarten versiert, mit denen sie sich gegen die Schurken verteidigen, und natürlich siegen am Ende Wahrheit und Gerechtigkeit über das Böse. Aber das ist meist nur ein Teil der Geschichte, denn zu einem echten Helden gehören in der Regel auch seine sexuellen Abenteuer, wobei seltsamerweise oft nicht er den ersten Schritt macht, sondern die Frauen sich ihm an den Hals werfen und er ihnen dann gnädig entgegenkommt. Die Episoden enden dann oft damit, dass die Frauen dem Helden sagen, wie sehr er sie beglückt hat, und ihm ihre ewige Liebe erklären.

Wenn im Unterricht die Sprache darauf kommt, erzähle ich den Jugendlichen, dass das Sexualleben der meisten Menschen in keiner Weise dem entspricht, wie es so oft in Büchern und Filmen dargestellt wird, und wir sprechen darüber, was an den Sex-szenen unrealistisch ist und warum der Autor sie so darstellt. Dadurch kommen wir dann meist auf die realen Ängste und Unsicherheiten, die die meisten Menschen in Bezug auf Sexualität haben und über die Gefühle, die bei der sexuellen Begegnung mit einem anderen Menschen entstehen können. Bei diesen Gesprächen zeigt sich dann, wie schwer in unserer Kultur der Übergang vom Jungen zum Mann ist, denn einerseits haben die Jungen eine zarte, fürsorgliche Seite – die Seite, die ich so deutlich sehen kann, wenn sie mit ihren »Eierbabys« spielen –, andererseits sind sie mit den Bildern einer männlichen Sexualität konfrontiert, in der offenbar wenig Platz für Zärtlichkeit ist. Entsprechend schwer muss es für Jungen sein, diese beiden Seiten für sich zu sortieren, und das ist sicher auch der wichtigste Grund für die Angst, die viele Heranwachsende in der Pubertät empfinden, denn dann betreten sie die Welt der männlichen Erwachsenen, in der »richtige Männer« nicht weinen und noch nicht einmal ihre Unsicherheit zeigen dürfen, wer sie sind und was sie wollen. Denn »richtige Männer« wissen immer, wie das Leben läuft.

Und schließlich gibt es auf dem Weg von der Kindheit in die komplizierte Erwachsenenwelt auch noch zahlreiche körperliche Veränderungen, die ihnen häufig von niemandem erklärt werden, denn aus irgendeinem Grund hält sich bis heute die hartnäckige Vorstellung, dass Jungen über diese Dinge Bescheid wissen und dass sich »richtige Männer« automatisch mit allem auskennen, was mit Sex zu tun hat.

Die meisten Mädchen in meinem Unterricht haben zumindest ein Gespräch – wenn auch meist ziemlich nervös und verlegen – mit ihren Eltern (meistens mit der Mutter) über die Menstruation geführt, den Meilenstein der weiblichen Pubertät, während nur sehr wenige Jungen mit ihren Eltern über so wichtige Themen wie

Samenerguss, Masturbieren, spontane Erektionen und andere körperliche Begleiterscheinungen der männlichen Pubertät gesprochen haben. Das liegt sicher auch daran, dass es viel leichter ist, das Erwachsenwerden unserer Söhne als das unserer Töchter zu ignorieren, denn zumindest die erste Menstruation eines Mädchens erfordert eine minimale elterliche Reaktion – schließlich muss ihr jemand eine Schachtel Binden oder Tampons kaufen und ihr sagen, wie man sie benutzt. Dazu kommt, dass eine regelmäßige Menstruation bedeutet, dass die Töchter schwanger werden könnten, und allein das bringt viele Eltern dazu, zumindest ein Gespräch mit ihrer Tochter über die körperlichen Veränderungen zu führen. Bei Jungen wird dagegen nicht selten »übersehen«, dass Mädchen nicht von alleine schwanger werden.

Wahrscheinlich ist es also einfach nur der männliche Mythos, dass Jungen automatisch alles, was mit Sex zu tun hat, bereits wissen, und vermutlich würden nur wenige Eltern der Aussage widersprechen, dass die Pubertät für Jungen eigentlich gar keine so große Sache ist. Aber offenbar ist genau das Gegenteil der Fall, wie mir die Hunderte Briefe von Jungen zeigen, die meine Bücher gelesen haben und deren Umschläge mit unterstrichenen Bitten versehen sind wie »Hilfe!«, »Dringend!«, »Gleich öffnen!« oder »Bitte sofort antworten!«. Darin stecken dann fünfseitige Briefe mit komplizierten Zeichnungen und ausführlichen Erklärungen von körperlichen oder seelischen Vorkommnissen, die den Jugendlichen Sorgen machen und für die sie keine Erklärung finden (ich bekomme übrigens genauso viel Post von Jungen wie von Mädchen).

In meiner Klasse spielen wir deshalb hin und wieder ein Spiel, das heißt: »Alles, was du schon immer über … wissen wolltest, dich aber nicht zu fragen traust.« Dazu gehört, dass die Jungen und Mädchen anonym ihre Fragen auf einen Zettel schreiben können und diesen in ein verschlossenes Kästchen stecken, das nur ich öffnen darf. Dann lese ich die Fragen, die sich während der Woche angesammelt haben, laut vor und beantworte sie, so gut ich kann. Sie sind oft in Blockschrift geschrieben, damit man die Handschrift nicht erkennt, und das Blatt, auf dem sie stehen, ist fast immer zu einem winzigen Päckchen gefaltet, denn schließlich geht es ja um peinliche Dinge. Wenn ich mir dann die Fragen anschaue, kann ich feststellen, dass Jungen ebenso neugierig wie Mädchen sind, wenn es um Veränderungen ihres Körpers geht. Da wird dann zum Beispiel gefragt: »Wie viel von dem weißen Zeug kommt bei einem Samenerguss heraus?« und »Wann kriege ich einen Bart wie mein Vater?«

Einer der Gründe, warum viele Eltern mit ihren Söhnen nicht über die körperlichen Veränderungen in der Pubertät sprechen, ist zweifellos auch das eigene fehlende Wissen, denn die meisten Väter haben von ihren Vätern selbst kaum Informationen bekommen, sodass viele ihren Söhnen dann nicht erklären können, was es beispielsweise mit einer spontanen Erektion auf sich hat oder in welchem Alter der erste Samenerguss durchschnittlich stattfindet.

Ein weiterer Grund, warum Eltern mit ihren Söhnen meist nur wenig über die körperlichen Veränderungen in der Pubertät sprechen, ist ihre Verlegenheit, denn Sexualität ist für viele Eltern auch heute noch ein heikles Thema. Selbst diejenigen, denen es relativ leicht fällt, über Sex zu sprechen, merken, dass es bestimmte Bereiche gibt, über die man nur schwer mit den eigenen Kindern sprechen kann, etwa über das Masturbieren, das mehr als 90 Prozent aller Jungen in der Pubertät betrifft.

Und damit komme ich zu dem Punkt, warum ich diesen Ratgeber geschrieben habe. Der Zweck dieses Buches ist natürlich,

Jungen in der Pubertät alle grundlegenden Informationen über ihren Körper zu geben, und ich hoffe, dass es Eltern und Söhnen hilft, die Verlegenheitsschranke zu überwinden und miteinander ins Gespräch zu kommen. Im Idealfall stelle ich mir vor, dass Eltern das Buch zusammen mit ihrem Sohn lesen, denn irgendwie lösen heikle Themen, wenn man sie auf Papier gedruckt vor sich sieht, meist weniger Verlegenheit aus, als wenn man darüber spricht.

Mitunter kann es aber auch besser sein, wenn Sie das Buch Ihrem Sohn einfach selbst zum Lesen geben. Eltern erzählen mir oft, dass sie meine Bücher in der Absicht kaufen, sie gemeinsam mit ihrem Kind zu lesen, aber dass es das Buch dann irgendwo im Haus gefunden und bereits halb gelesen hatte, ehe es überhaupt dazu kam. Doch unabhängig davon, ob Sie es nun allein oder gemeinsam lesen, hoffe ich, dass Sie einen Weg finden, mit Ihrem Sohn über die Veränderungen, die in seinem Körper stattfinden oder bald stattfinden werden, zu sprechen.

Denn Jugendliche in diesem Alter brauchen sehr viel Bestätigung und die Sicherheit, dass das, was mit ihnen geschieht, völlig normal ist, und ich konnte die Erfahrung machen, dass Jungen und Mädchen außerordentlich dankbar für eine solche Bestätigung sind. Bei manchen Klassen habe ich sogar erlebt, dass alle spontan applaudierten, wenn ich das Zimmer betrat, und in meiner Schublade liegen auch heute noch viele rührende Briefe von jungen Leserinnen und Lesern, die mir dafür gedankt haben, dass ich bestimmte Ängste oder Zweifel bei ihnen angesprochen hatte.

Aber Jugendliche sind nicht nur dankbar, wenn man ihrem Bedürfnis nach Bestätigung auf diese Weise begegnet, sondern entwickeln auch eine tiefe Achtung für den Menschen, der ihnen diese Bestätigung gibt, und lernen, ihm zu vertrauen. Eltern sollten sich klar machen, welch enges Band sie mit ihrem Sohn knüpfen können, wenn sie auch während der Pubertät immer für ihn da sind – ganz zu schweigen davon, wie sich dieses Vertrauen in späteren Jahren auswirken wird. Denn wenn sie jetzt für alle Fragen offen und ein echtes Gegenüber sind, besteht eine größere Wahrscheinlichkeit, dass Ihr Sohn auch später bei wichtigen Fragen und Entscheidungen zu Ihnen kommen wird.

Zum Abschluss möchte ich noch darauf hinweisen, dass Gespräche über die Veränderungen in der Pubertät nicht unbedingt leicht sind, auch wenn Ihr Sohn das Buch gelesen hat. Und wenn Sie ihn dann mit einer direkten Frage konfrontieren wie: »Was hältst du von dem Buch?« Oder: »Gibt es irgendwas in dem Buch, worüber du mit mir sprechen möchtest?«, kann es zwar sein, dass Sie eine detaillierte kritische Bewertung dieses Ratgebers bekommen oder auch eine Reihe offener aufrichtiger Fragen, aber noch wahrscheinlicher wird er Ihnen eine Antwort geben wie: »Ist schon okay« oder: »Nee, ich will nichts wissen« oder: »Hab jetzt keine Lust, darüber zu reden.«

Ich habe die Erfahrung gemacht, dass ein anderer Weg besser funktioniert, etwa indem Sie so etwas sagen wie: »Also, als ich in deinem Alter war, (… habe ich meine ersten Schamhaare entdeckt … hatte ich zum ersten Mal einen Samenerguss usw.), und ich war richtig (… nervös, aufgeregt, stolz, verlegen, ängstlich etc.) und stell dir vor, was mir dann passiert ist …« (Ergänzen Sie den Satz dann mit einer Geschichte aus Ihrer eigenen Pubertät. Je peinlicher und ungeschickter die Situation war, umso besser.) Wenn Sie diesen Weg wählen, ist es auch für Ihren Sohn leichter, sich Ihnen zu öffnen. Indem Sie ihm eine Ihnen eher unangenehme Geschichte über sich selbst erzählen, geben Sie ihm zu verstehen, dass es völlig in Ordnung ist, auf diesem Gebiet unsicher und überhaupt nicht allwissend zu sein. Auch die Jugendlichen in meinem Unterricht werden viel zugänglicher, wenn ich ihnen Geschichten wie etwa folgende erzähle:

»Damals habe ich mit meiner besten Freundin um mein Taschengeld gewettet, dass Babys dadurch entstehen, dass der Mann die Frau küsst, dabei ein Samen aus ihrem Bauch in ihren Hals steigt, in den Mund kommt und wieder den Hals hinunter wandert. Dann landet er in ihrem Bauch und neun Monate später kommt dann ein Baby aus dem Bauchnabel. Natürlich war mein ganzes Taschengeld futsch.« Oder: »Als mein Bruder als Schulsprecher vor der ganzen Schule eine Rede halten sollte, bekam er eine spontane Erektion und wusste nicht, ob alle über seinen Witz lachten ober über seine Erektion.«

Noch ein kleiner Ratschlag: Vermeiden Sie »das Gespräch« über dieses Thema, denn es wird seinen Zweck nicht erfüllen, ganz egal, wie viel Mühe Sie sich dabei geben. Viel besser ist es, die Thematik gelegentlich anzuschneiden, wenn es gerade passt. Meine Erfahrung hat mir gezeigt, dass eine lockere entspannte Haltung, wenn Sie mit Ihrem Kind darüber sprechen, am besten funktioniert. Und wenn es Ihnen schwer fällt oder verlegen macht, mit Ihrem Sohn über Pubertät und Sexualität zu sprechen, verstecken Sie es nicht vor ihm. Es ist völlig in Ordnung, wenn Sie etwa sagen: »Meine Eltern haben nie mit mir über diese Dinge gesprochen, und deshalb fällt es mir jetzt auch nicht ganz leicht, mich mit dir darüber zu unterhalten« oder so ähnlich, denn Ihr Kind merkt Ihre Verlegenheit sowieso an Ihrem Ton, Ihrer Stimme, Ihrer Körpersprache oder anderen nonverbalen Kommunikationsformen, mit denen wir ausdrücken, was wir wirklich fühlen. Wenn Sie vorgeben, nicht verlegen zu sein, verwirren Sie Ihr Kind nur, wenn Sie dagegen Ihre Gefühle offen aussprechen, ist die Luft wieder klar. Auch wenn Ihr Sohn dann vielleicht herablassend, mitleidig, genervt oder abweisend reagiert, ist dies letztlich besser, als wenn er zu dem Schluss kommt, das Thema selbst sei anscheinend etwas so Seltsames, dass man wohl besser nicht darüber spricht.

Dieses Buch wurde für Jungen von neun bis fünfzehn Jahren geschrieben, obwohl es auch für Jüngere und Ältere geeignet ist. Das bedeutet, dass Sie mit Ihrem Sohn zu unterschiedlichen Zeiten darauf zurückkommen können und dass er selbst jederzeit darauf zurückgreifen kann, denn was ein Acht- oder Neunjähriger daraus lernen kann, unterscheidet sich wesentlich von dem, was es für einen Fünfzehn- oder Vierzehnjährigen bedeuten kann. So behandeln beispielsweise Kapitel 6 und 7 spontane Erektionen, nächtlichen Samenerguss und Masturbieren. Nach meiner Erfahrung sind Jungen im Alter von neun bis zehn Jahren an diesen Themen sehr interessiert, obwohl sie ihren ersten Samenerguss vielleicht erst mit dreizehn oder vierzehn oder noch später haben, und viele Jungen gehen in diesem Alter offener und unbefangener damit um als später, wenn sie diese Dinge an sich selbst erleben.

Ich hoffe, dass dieses Buch Ihnen und Ihrem Sohn hilft, den Prozess der Pubertät besser zu verstehen und Sie einander näher bringt.

Ergänzung

Die dritte Ausgabe unterscheidet sich von der letzten dadurch, dass einige Kapitel neu gestaltet sind und neues Material hinzugefügt wurde, wobei ich mich darum bemüht habe, das Vokabular zu vereinfachen, ohne dass wichtige Details ausgelassen oder der Genauigkeit geopfert wurden.

So behandelt beispielsweise ein neues Kapitel ausführlich die Penislänge, ein Thema, das – wie ich den zahlreichen Briefen entnehme, die ich bekomme – die männliche Psyche zu beherrschen scheint. Als Antwort auf zahlreiche Fragen von Lesern und Seminarteilnehmern habe ich außerdem das Kapitel zum Wachstum in der Pubertät ergänzt und neueste Informationen zum Steroidmissbrauch hinzugefügt. Da neue Forschungsergebnisse gezeigt haben, dass Jugendliche in den Industrieländern heute zu viel vor dem Computer und Fernseher sitzen und zudem nur noch etwa die Hälfte des benötigten Kalziums zu sich nehmen, habe ich außerdem ein Kapitel zu richtiger Ernährung und Bewegung mit hineingenommen, weitere Änderungen ergaben sich durch neues Material zu den Ursachen und der Behandlung von Akne.

Eine weitere Änderung betrifft die Themen Geschlechtsverkehr, Schwangerschaft, Verhütung und sexuell übertragbare Krankheiten, die in dieser Ausgabe nur relativ kurz gestreift werden. Eine solche Kürzung des Materials zur Sexualaufklärung entspricht meinem heutigen Gesamtverständnis von der Notwendigkeit einer frühen Pubertätsbegleitung, denn ebenso wichtig wie eine gute Aufklärung ist, jungen Menschen mehr Sicherheit im Umgang mit den körperlichen Veränderungen während der Pubertät zu vermitteln. Ich hoffe, dass dieses Buch Ihrem Sohn hilft, diese Sicherheit zu bekommen.

Kapitel 1
Die Pubertät

»Ich kann mich noch gut erinnern, dass ich irgendwann dachte: ›Jetzt bin ich endlich kein Kind mehr!‹, und fand das einfach super.«

Johannes, 26 Jahre

»Alles war irgendwie komisch. Ich war immer müde und hab so viel geschlafen, dass ich schon dachte, irgendwas stimmt nicht mit mir.«

Sebastian, 19 Jahre

»Für mich hat sich das immer so angehört, als wäre es ein großes Ereignis, das dann eines Tages – peng! – auf einmal einfach passiert. Aber so war es nicht.«

Nils, 33 Jahre

»Mir kam es so vor, als ob sich eines Tages alles verändert hatte. Ich war wie ein anderer Mensch in einem anderen Körper.«

Daniel, 35 Jahre

Diese Männer reden alle über das Gleiche: die Pubertät, also die Zeit im Leben, in der man nach und nach immer erwachsener wird.

Wie du in Abbildung 1 erkennen kannst, verändert sich der Körper eines Jungen im Laufe der Pubertät erheblich: Sein Penis und sein Hodensack, der Hautsack hinter dem Penis, werden größer und verändern sich, und es wachsen Haare an Stellen, an de-

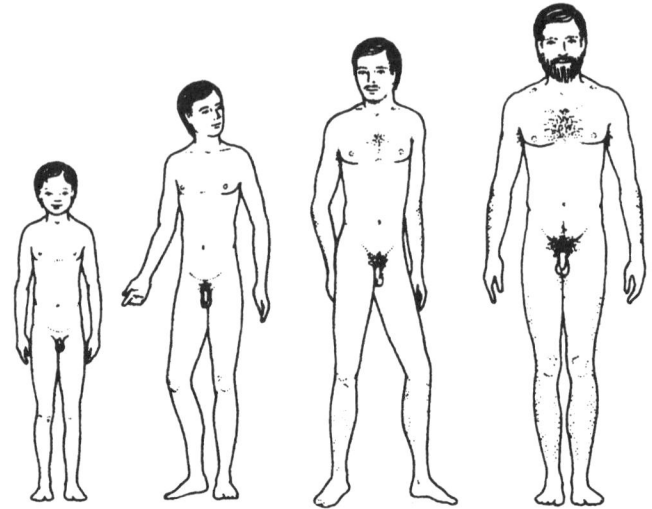

Abb. 1: Veränderungen in der Pubertät. Wenn Jungen in die Pubertät kommen, werden sie größer – ihre Schultern werden breiter und der Körper muskulöser. Die Geschlechtsorgane entwickeln sich, und es wachsen Schamhaare und Haare unter den Armen, im Gesicht, auf der Brust und auf Armen und Beinen.

nen es vorher nie welche gab – um den Penis herum, unter den Armen und im Gesicht.

Eine weitere Veränderung ist, dass du jetzt größer wirst. Natürlich wächst man auch während der Kindheit, aber in der Pubertät gibt es einen richtigen Wachstumsschub, und du wächst dann schneller als zu irgendeiner anderen Zeit – in nur einem Jahr werden manche Jungen um bis zu zehn Zentimeter größer! Aber auch die Körperform verändert sich: Die Schultern werden breiter, sodass die Hüften jetzt schmaler erscheinen, die Muskelmasse nimmt zu und der ganze Körper wirkt nach und nach immer männlicher.

Bei einigen Jungen verläuft die Pubertät sehr langsam, bei anderen finden die Veränderungen dagegen so schnell statt, dass man das Gefühl hat, sie hätten sich über Nacht verwandelt. Aber in Wirklichkeit geschieht das alles gar nicht so schnell, denn die Pubertät geht ganz langsam und allmählich während vieler Monate und Jahre vor sich und die ersten Veränderungen können sich schon früh bei noch relativ kleinen Jungen zeigen. Doch ganz egal, ob die Pubertät bei dir früh oder spät beginnt – du hast sicher viele Fragen zu dem, was in dieser Zeit mit deinem Körper geschieht, und wir hoffen, dass dieses Buch dir all deine Fragen beantworten kann.

Wir – das sind meine Tochter Area und ich, denn wir haben dieses Buches zusammen geschrieben. Dafür haben wir mit vielen Ärzten gesprochen, zahlreiche medizinische Bücher gelesen und uns mit vielen Jungen und Männern unterhalten, die uns erzählt haben, wie die Pubertät bei ihnen war, wie sie sich dabei gefühlt haben und welche Fragen sie in dieser Zeit hatten.

Außerdem gebe ich Sexualkundeunterricht in Schulen und zusammen mit meiner Tochter Seminare für Jugendliche und ihre Eltern zu allen Fragen rund um die Pubertät. Die Kinder und Jugendlichen, aber auch die Eltern stellen dann immer viele Fragen und haben selbst viel dazu zu sagen. Und weil vieles von dem, was sie uns erzählt haben, sich in diesem Buch wiederfindet, sind sie gewissermaßen zu Mitautoren geworden. Allerdings haben wir die Namen derjenigen, die wir in diesem Buch zitieren, geändert, damit ihre Privatsphäre geschützt bleibt.

Als ich vor vielen Jahren meinen ersten Sexualkundeunterricht hielt, war dieses Thema noch ganz neu, und ich begann meine erste Stunde damit, dass ich den Schülern erzählte, wie Kinder gezeugt werden. Das erschien mir sinnvoll, denn schließlich bereitet sich der Körper während der Pubertät für einen künftigen

Lebensabschnitt vor, in dem man vielleicht mal ein Kind bekommen möchte.

Damals dachte ich, dass es ganz einfach wäre, darüber zu sprechen. »Da ist doch nichts dabei«, hatte ich mir überlegt. »Ich gehe einfach in die Klasse und erzähle, woher die kleinen Kinder kommen. Überhaupt kein Problem.« Aber da hatte ich mich gründlich getäuscht, denn kaum hatte ich den Mund aufgemacht, spielte die ganze Klasse auch schon verrückt: Die Jungen und Mädchen kicherten, stießen sich an und wurden ganz rot – ein Junge war sogar so nervös, dass er vom Stuhl fiel. Alle verhielten sich anscheinend deshalb so merkwürdig, weil ich bei der Zeugung von Kindern auch über Sex sprach, und wie ihr vielleicht schon gemerkt habt, ist Sex ein ganz besonderes Thema, auf das die meisten Menschen ziemlich verlegen reagieren.

Was ist eigentlich Sex?

Was heißt »Sex« oder dass Menschen »Sex haben«? Es bedeutet in der Regel, dass sie Geschlechtsverkehr haben, dass also die Geschlechtsorgane eines Mannes und einer Frau in enge Berührung miteinander kommen. Sex ist auch der Weg, wie Kinder gezeugt werden.

Unsere Geschlechtsorgane sind der »private Teil« unseres Körpers, die wir in der Regel bedeckt halten und über die wir in der Öffentlichkeit auch meist nicht sprechen. Wenn ich damals etwas genauer nachgedacht hätte, dann hätte ich mir das alles vor meiner ersten Stunde überlegt. Ich hätte verstanden, dass das Sprechen über Sex oder die Geschlechtsorgane einen ziemlichen Wirbel in der Klasse verursachen würde. Nach meinem ersten Unterricht wusste ich dann sehr schnell, worum es ging. Damals habe ich beschlossen, dass, wenn schon alle bei diesem Thema kichern mussten, es am besten ganz gründlich geschehen sollte. Wenn ich eine neue Klasse übernehme, beginne ich den Aufklärungsunterricht deshalb heute damit, dass ich zuerst an alle Schüler jeweils ein Blatt mit den Zeichnungen von Abbildung 2 und dazu rote und blaue Farbstifte verteile.

Abbildung 2 zeigt die äußeren Geschlechtsorgane eines Mannes und einer Frau, die auch Genital- oder Fortpflanzungsorgane genannt werden. Jeder Mensch hat äußere und innere Geschlechtsorgane, die sich während der Pubertät verändern.

Die männlichen Geschlechtsorgane

Wenn alle Schüler ihre Blätter und Stifte bekommen haben, halte ich die Abbildung mit den männlichen Geschlechtsorganen hoch und erzähle der Klasse, dass die äußeren Geschlechtsorgane eines Mannes aus Penis und Hodensack bestehen. Die Jungen und Mädchen kichern dann zwar immer noch wie verrückt oder fallen vor Verlegenheit fast vom Stuhl, aber ich rede dann einfach weiter: »Der Penis selbst hat zwei Teile: der Schaft und die Eichel. Sucht jetzt bitte den Penisschaft und malt ihn mit blauen und roten Streifen an.« Jetzt konzentrieren sich alle intensiv auf das Malen. (Wenn du willst, kannst du den Schaft auch anmalen, es sei denn, du hast das Buch von jemandem geliehen oder dir aus der Bücherei geholt).

Als nächstes fordere ich die Klasse auf, dass sie die kleine Öffnung an der Spitze des Penis finden und rot umkringelt. Das ist die Harnröhrenöffnung, durch die der Urin den Körper verlässt. Jetzt wird meist schon etwas weniger gekichert, denn die Harnröhrenöffnung ist ziemlich klein, sodass sich alle beim Malen mehr konzentrieren müssen. Dann malen alle die Eichel an. Ich schlage meist blau vor, aber du kannst sie auch anders anmalen. Rote und blaue Pünktchen für den Hodensack, ist dann die nächste Aufgabe. Der Hodensack ist ein loser Hautbeutel unter

Die männlichen
Geschlechtsorgane

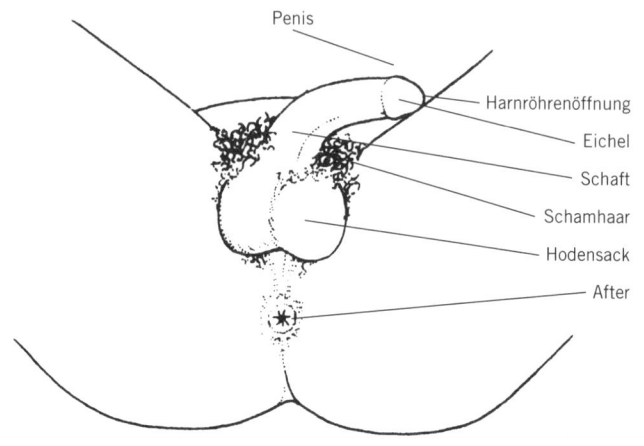

Die weiblichen
Geschlechtsorgane

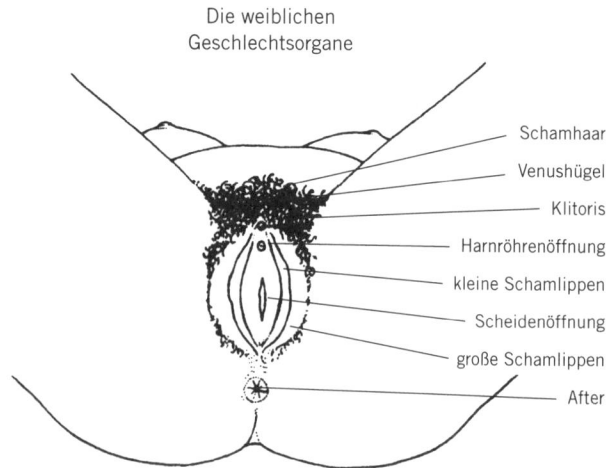

Abb. 2: **Männliche und weibliche Geschlechtsorgane**

dem Penis, in dem sich zwei eiförmige Organe befinden, die Hoden. Man kann sie in Abbildung 2 zwar nicht sehen, aber wir werden auf den nächsten Seiten noch darüber sprechen. Dann erkläre ich, dass die krausen Haare auf den Geschlechtsorganen die Schamhaare sind, und bitte die Klasse, die Schamhaare ebenfalls farbig zu markieren. Zum Schluss kommen wir zum After. Das ist die Öffnung, durch die der Kot, also der Darminhalt, den Körper verlässt. Der After ist zwar kein Geschlechtsorgan, aber da er in der Nähe liegt, malen ihn alle ebenfalls an.

Was heißt Beschneidung?

Abbildung 2 zeigt einen beschnittenen Penis. Die Beschneidung ist eine Operation, bei der man die Vorhaut des Penis – ein Teil der Haut, die den Penis bedeckt – entfernt und die meist kurz nach der Geburt durchgeführt wird.

Es gibt manche Männer, die beschnitten sind, aber auch viele, die ihre Vorhaut noch haben. Wenn ein Junge nicht beschnitten ist, bedeckt die Vorhaut meist die gesamte Eichel. Vorhaut und Eichel sind bei der Geburt in der Regel noch miteinander verbunden, aber ganz allmählich löst sich die Vorhaut von der Eichel, sodass sie sich zurückziehen lässt, entweder wenn der Junge erwachsen ist oder auch schon früher. Das bedeutet, dass er die Vorhaut über die Eichel und den Penisschaft entlang ziehen kann, wie in Abbildung 3 gezeigt.

Vielleicht fragst du dich, warum Eltern ihre Söhne beschneiden lassen, oder du hast weitere Fragen zu dieser Operation. Dann kannst du auf Seite 68 mehr zu diesem Thema nachlesen.

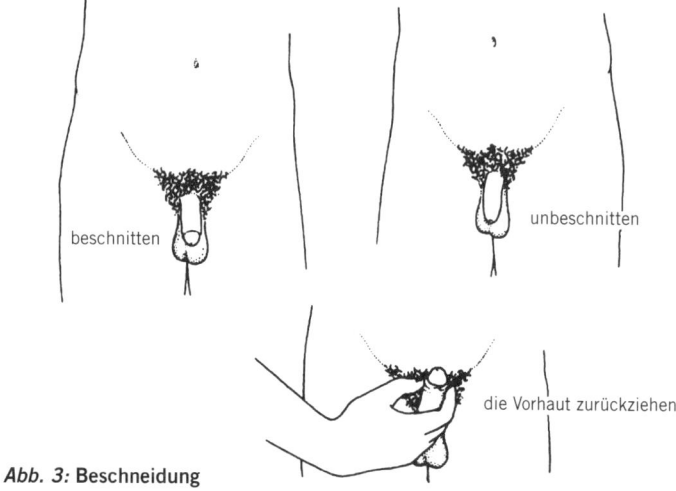

beschnitten

unbeschnitten

die Vorhaut zurückziehen

Abb. 3: Beschneidung

Bis die Klasse die verschiedenen Körperteile fertig angemalt hat, habe ich das Wort »Penis« schon ungefähr zwanzigmal ausgesprochen – dann hat sich jeder daran gewöhnt und auch an die anderen Worte, über die man normalerweise nicht viel spricht. Meine Schüler spielen deshalb auch nicht mehr jedes Mal verrückt, wenn ich diese Wörter sage, und weil die Zeichnungen inzwischen ziemlich lustig aussehen, lachen alle. Denn Lachen hilft, etwas besser mit Verlegenheit und Nervosität umzugehen. Ein weiterer Grund für das Anmalen ist, dass die Jungen und Mädchen die Namen dieser Organe dann besser lernen. Und schließlich sind das wichtige Körperteile, sodass es sich lohnt, ihre Namen zu kennen.

Slang-Ausdrücke für Penis und Hoden

Während alle die verschiedenen Körperteile anmalen, sprechen wir auch über die Slang-Ausdrücke, denn manche Menschen verwenden für die Geschlechtsorgane nicht die medizinischen Begriffe, sondern Slang-Namen, und vor allem die Jungen kennen sich damit meist sehr gut aus.

Jedes Mal, wenn ich »Penis« oder »Scheide« sagte, konnten sie sie nicht mehr für sich behalten, sondern stießen sich gegenseitig an und flüsterten sich die Worte zu. Deshalb lag es nahe, all die Begriffe, die durch das Klassenzimmer schwirrten, einfach mal an die Tafel zu schreiben, und bald war die Tafel voll:

Penis: Schwanz, Pimmel, Dödel, Schniedelwutz, Kleiner Mann, Latte, Rute, Pillermann, Dicker, Lümmel.
Hoden: Eier, Nüsse, Gehänge, Glocken.

Nachdem wir sie an die Tafel geschrieben haben, sprechen wir darüber. Wir überlegen, welche Wörter wir im Gespräch mit Freunden benutzen, bei unserem Arzt oder mit unseren Eltern. Wir sprechen auch über die Reaktionen auf diese Slang-Wörter. Einige Menschen haben etwas dagegen, dass man diese Wörter benutzt. Das kann dir egal sein oder auch nicht, aber zumindest solltest du wissen, dass viele Leute diese Wörter als anstößig empfinden.

Die weiblichen Geschlechtsorgane

Wenn alle mit dem Anmalen der männlichen Geschlechtsorgane fertig sind, machen wir mit den weiblichen weiter. Die äußeren Geschlechtsorgane einer Frau heißen Vulva und bestehen aus mehreren Teilen. Oben befindet sich eine Fettgewebeschicht, die Venushügel heißt und bei Frauen mit drahtigem krausen Haar bedeckt ist, dem Schamhaar. Jetzt bitte ich die Klasse, den Venushügel und die Schamhaare rot anzumalen.

Dann kommen wir zum unteren Teil des Venushügels. Er teilt sich in zwei Hautfalten, die man die großen Schamlippen nennt und die mit blauen Pünktchen markiert werden. Zwischen den großen Schamlippen liegen die zwei kleinen Schamlippen, die mit roten Streifen angemalt werden.

Die kleinen Schamlippen stoßen oben zusammen, sodass eine Hautfalte entsteht, die eine Art Häubchen bildet. In Abbildung 2 auf Seite 30 kannst du erkennen, dass der Kopf der Klitoris unter diesem Häubchen hervorschaut. Der Rest der Klitoris liegt unter der Haut, wo du ihn nicht sehen kannst. Den Kopf der Klitoris malen die Kinder blau an.

Senkrecht unter der Klitoris liegt die Harnröhrenöffnung, durch die der Körper Urin (Harn) ausgeschieden wird. Ich sage der Klasse, dass sie die Harnröhrenöffnung rot anmalen soll.

Unter der Harnröhrenöffnung befindet sich die Scheidenöffnung, die zur Scheide im Körper führt und die die äußeren Geschlechtsorgane mit den inneren verbindet. Ich schlage vor, dass alle die Scheidenöffnung blau anmalen (die Leute sprechen oft von Scheide, wenn sie eigentlich Vulva meinen. Die Scheide befindet sich aber im Innern des Körpers und Vulva ist der korrekte Name für die äußeren weiblichen Geschlechtsorgane). Zum Schluss kommen wir zum After, den die Klasse rot markiert.

Während alle malen, stellen wir eine weitere Liste mit Slang-Ausdrücken für die weiblichen Geschlechtsorgane zusammen:

Slang-Ausdrücke für Vulva und Scheide
Muschi, Möse, Pussy, Loch, Ritze, Büchse.

Nachdem alle auch die weiblichen Geschlechtsorgane angemalt haben, sind die meisten schon viel weniger verlegen und wissen jetzt bereits ziemlich gut, wo sich diese Körperteile befinden.

Was geschieht beim Geschlechtsverkehr?

Durch den Geschlechtsverkehr zwischen einer Frau bzw. einem Mädchen und einem Mann bzw. einem Jungen kann ein Kind gezeugt werden, indem der erigierte Penis in die Scheide eindringt. Erigiert kommt von Erektion, was bedeutet, dass der Penis steif und hart wird und dadurch waagrecht vom Körper absteht (siehe Abbildung 4). Männer und Jungen in jedem Alter und sogar schon Babys können eine Erektion haben, die meist durch sexuelle Erregung, aber auch spontan entsteht, etwa im Schlaf.

Bei einer Erektion füllt sich das weiche Penisgewebe mit so viel Blut, dass es steif und hart wird. Dadurch schwillt der Penis an, richtet sich auf und steht vom Körper ab, weshalb manche Leute eine Erektion auch einen »Ständer« nennen.

Wenn nun ein Paar Geschlechtsverkehr haben möchte, kommt es sich so nahe, dass der erigierte Penis in die Scheide eindringen kann. Dann drücken die Partner ihre Körper zusammen und bewegen sich so, dass der Penis in der Scheide vor und zurück gleitet, und dadurch entsteht sexuelle Lust.

Jetzt denkst du vielleicht, dass es schwierig für den Penis sein muss, in die Scheide einzudringen, denn schließlich ist die Scheidenöffnung ja ziemlich eng. Aber diese Öffnung ist überaus elastisch und kann sich deshalb sehr weit dehnen, sogar so weit, dass bei der Geburt ein Kind hindurchgelangen kann. Außerdem produziert der Mann oder Junge bei sexueller Erregung ein bis zwei Tropfen Flüssigkeit, die aus der Spitze des erigierten Penis austritt, und auch bei der Frau bzw. dem Mädchen werden die Scheidenwände feucht, sodass der Penis bequem in die Scheide eindringen kann.

Die Scheide ist wie ein Schlauch und besteht aus weichem, dehnbarem Muskelgewebe, sodass sich die inneren Scheiden-

Abb. 4: **Erektion**

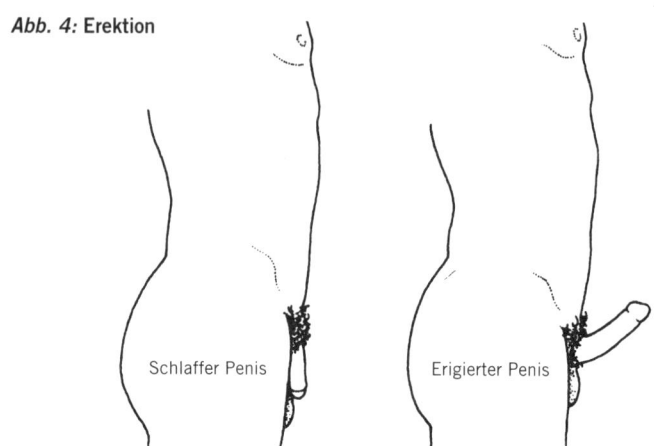

Schlaffer Penis   Erigierter Penis

wände berühren. Wenn nun der erigierte Penis hineinkommt, drängt er sich zwischen die Scheidenwände und schiebt sie auseinander. Dadurch umschließen die weichen elastischen Wände den erigierten Penis, sodass er perfekt in die Scheide passt.

Geschlechtsverkehr hat ein Paar natürlich nicht nur, um ein Kind zu zeugen, sondern er ist auch eine besonders schöne Möglichkeit, einem anderen Menschen sehr nahe zu sein. Außerdem kann sich Sex sehr gut anfühlen, denn die Geschlechtsorgane haben viele Nervenenden, die mit den Lustzentren im Gehirn verbunden sind, und wenn man diese Körperteile streichelt und aneinander reibt, wird dies meist als sehr lustvoll empfunden.

Wie entsteht ein Kind?

Soll beim Geschlechtsverkehr ein Kind gezeugt werden, muss sich ein weibliches Ei mit dem männlichen Samen (Spermium) verbinden. Dieses Ei ist winzig klein – noch kleiner als der kleinste Punkt, den man mit einem spitzen Bleistift machen kann – und ein Spermium ist sogar noch kleiner.

Eigentlich sind Samen und Ei Zellen, denn der Körper besteht aus Milliarden von Zellen, und es gibt viele verschiedene Zelltypen, aber Ei- und Samenzelle sind die einzigen Zellen, die verschmelzen und zu einer einzigen Zelle werden können, aus der dann ein Baby entsteht. Damit das geschehen kann, hat der Mann beim Geschlechtsverkehr einen Samenerguss, bei dem sich Millionen Samenzellen in die Scheide der Frau ergießen.

Spermien und Samenerguss

Die männlichen Samenzellen werden in den Hoden gebildet, zwei eiförmige Kugeln im Hodensack, und in den Samenleitern gespeichert, die zu den Hoden führen. Die erste Samenproduktion beginnt in der Pubertät, und von da an und während des ganzen weiteren Lebens werden dann täglich Millionen neuer Samenzellen gebildet.

Damit es beim Sex zum Samenerguss kommt, ziehen sich bestimmte Muskeln in den Geschlechtsorganen zusammen, sodass die Spermien an das obere Ende der Samenleiter gepumpt werden. Dort verbinden sie sich mit anderen Flüssigkeiten zu einer cremigen weißen Substanz, die man Sperma nennt. Durch das Zusammenziehen der Muskeln wird das Sperma nun weiter durch die Harnröhre gepumpt, die durch den Penis verläuft, bis es sich schließlich schubweise aus der Öffnung an der Penisspitze in die Scheide ergießt (siehe Abbildung 5).

Durchschnittlich gelangt bei einem Samenerguss weniger als ein Teelöffel Sperma in die Scheide, aber diese kleine Menge Sperma enthält bereits zwischen 300 und 500 Millionen Spermien. Einige dieser Spermien finden nun ihren Weg bis zum oberen Ende der Scheide und gelangen durch einen winzigen Tunnel in die Gebärmutter, auch Uterus genannt (siehe Abbildung 6), wo das Baby heranwachsen kann. Vom Uterus aus schwimmen nun

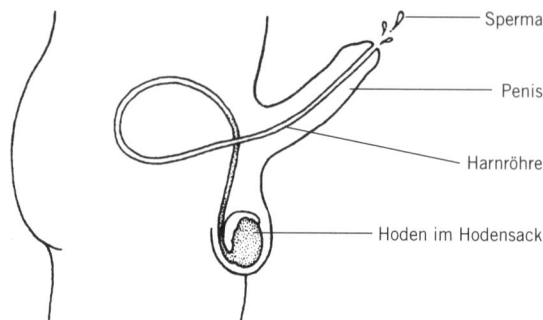

Abb. 5: **Samenerguss.** Spermien werden in den Hoden gebildet. Bei einem Samenerguss wird das Sperma durch die Harnröhre gepumpt und ergießt sich dann aus der Öffnung in der Penisspitze.

die Spermien in den oberen Teil der Gebärmutter und von dort in die Eileiter. Allerdings schaffen es viele Spermien auf ihrem Weg von der Scheidenöffnung zur Gebärmutter nicht und sterben schon in der Scheide oder der Gebärmutter ab.

Eizelle und Eisprung

Jede Frau bzw. jedes Mädchen hat zwei Eileiter, die sich am oberen Ende der Gebärmutter befinden und direkt mit ihr verbunden sind. In einem dieser Eileiter kann das Spermium nun auf eine Eizelle treffen und sich mit ihr verbinden.

Mädchen haben schon bei der Geburt Hunderttausende von Eizellen, die in den Eierstöcken gespeichert werden. Diese Eizellen reifen allerdings erst im Verlauf der Pubertät und von da an einmal monatlich bis zu den Wechseljahren nacheinander heran. Beim so genannten Eisprung gelangt nun die reife Eizelle aus dem Eierstock in einen der beiden Eileiter (siehe Abbildung 7), indem sich das Ende des jeweiligen Eileiters nach oben ausstreckt und die Eizelle in den Eileiter befördert. Dort wird sie mit

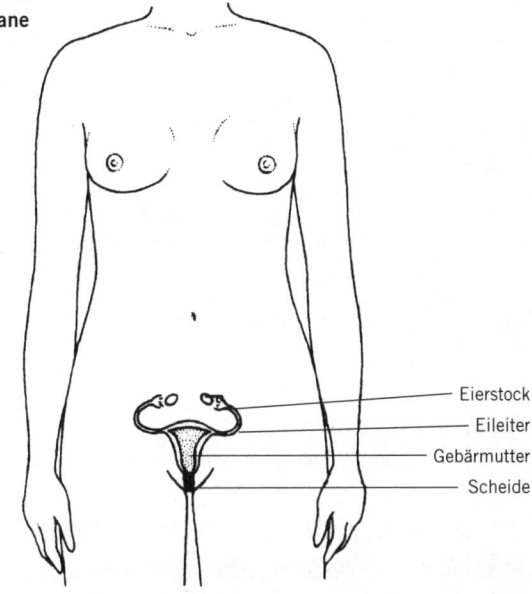

Abb. 6: **Die inneren Geschlechtsorgane der Frau**

Eierstock
Eileiter
Gebärmutter
Scheide

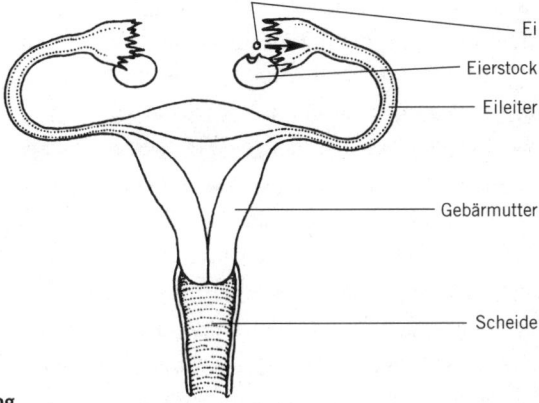

Ei
Eierstock
Eileiter

Gebärmutter

Scheide

Abb. 7: **Eisprung**

Hilfe von winzigen Härchen in den Eileitern, die sich sanft vor- und rückwärts bewegen, langsam durch den Eileiter in Richtung Gebärmutter transportiert.

Befruchtung, Schwangerschaft und Geburt

Wenn nun die Eizelle bei ihrer Reise durch den Eileiter auf Spermien trifft, kann eines der Spermien in die Eizelle eindringen. Dann verschmilzt es mit ihr zu einer einzigen Zelle, und diese Verbindung von Eizelle und Spermium nennt man Befruchtung. Die Eizelle kann zwar nur in den ersten vierundzwanzig Stunden nach Verlassen des Eierstocks befruchtet werden, aber die Spermien können im Körper bis zu fünf Tagen überleben. Das heißt, dass eine Befruchtung immer dann möglich ist, wenn ein Paar am Tag des Eisprungs oder an einem der fünf Tage davor Geschlechtsverkehr hatte.

Trifft die Eizelle bei ihrer Reise durch den Eileiter nicht auf ein Spermium, wird sie einige Tage später, nachdem sie die Gebärmutter erreicht hat, vom Körper einfach wieder abgebaut. Wenn die Eizelle dagegen befruchtet wurde, wandert sie weiter in die Gebärmutter, nistet sich dort ein und wächst in den nächsten neun Monaten zu einem Baby heran.

Die Gebärmutter einer erwachsenen Frau ist zwar nur etwa so groß wie eine Birne, aber ihre dicken muskulösen Wände sind so elastisch, dass sie sich während einer Schwangerschaft bis zur Größe eines Babys ausdehnen können (siehe Abbildung 8).

Wenn das Baby dann nach neun Monaten ausgewachsen ist, beginnen die Gebärmuttermuskeln sich rhythmisch zusammenzuziehen. Dadurch wird der winzige Tunnel, der die Gebärmutter mit der Scheide verbindet, immer mehr gedehnt, sodass das Baby aus der Gebärmutter zuerst in die Scheide und schließlich durch die Scheidenöffnung ins Freie gedrückt wird.

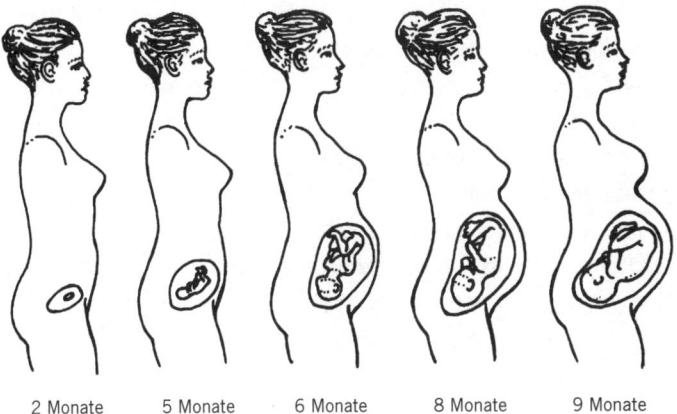

| 2 Monate | 5 Monate | 6 Monate | 8 Monate | 9 Monate |

***Abb. 8:* Schwangerschaft.** Eine befruchtete Eizelle nistet sich in der Innenwand der Gebärmutter ein und entwickelt sich in den folgenden neun Monaten zu einem Baby.

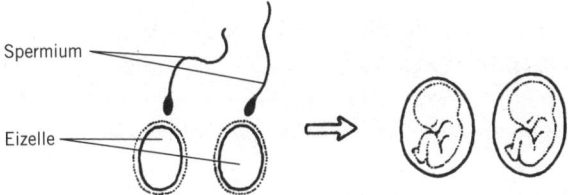

***Abb. 9:* Zweieiige Zwillinge** entstehen, wenn sich gleichzeitig zwei reife Eizellen bilden, von denen jede von einem anderen Spermium befruchtet wird.

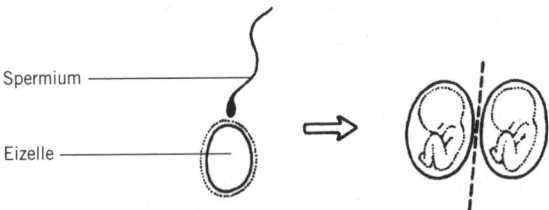

***Abb. 10:* Eineiige Zwillinge** entstehen, wenn die Eizelle sich nach der Befruchtung teilt. Eineiige Zwillinge haben immer das gleiche Geschlecht und sehen sich ähnlich.

Zwillinge, siamesische Zwillinge, Drillinge

In der Regel wird die reife Eizelle im Eileiter nur von einem einzigen Spermium befruchtet, denn in dem Moment, in dem das Spermium in die Eizelle eindringt, finden dort bestimmte chemische Veränderungen statt, die das Eindringen weiterer Spermien verhindern. Aber es gibt Ausnahmen:

- *Zweieiige Zwillinge:* Sie entstehen, wenn zwei reife Eizellen von zwei verschiedenen Spermien befruchtet werden (siehe Abbildung 9). Meist bildet sich zwar nur eine reife Eizelle in den Eierstöcken, gelegentlich werden aber auch zwei reife Eizellen gleichzeitig produziert, die dann einzeln befruchtet werden können. In diesem Fall bekommt die Frau zweieiige Zwillinge, die sich gar nicht ähnlich sehen müssen und auch verschiedene Geschlechter haben können. Eine Frau kann auch zweieiige Zwillinge von zwei verschiedenen Vätern bekommen. Sie müsste dann aber im Zeitraum des Eisprungs Geschlechtsverkehr mit zwei Männern gehabt haben.

- *Eineiige Zwillinge:* Sie entwickeln sich aus einer einzigen befruchteten Eizelle, die sich kurz nach der Befruchtung geteilt hat (siehe Abbildung 10). Warum es zu einer solchen Teilung kommt, weiß man bis heute noch nicht. Da eineiige Zwillinge aus derselben Eizelle und demselben Spermium entstehen, sehen sie sich sehr ähnlich und haben auch immer dasselbe Geschlecht.

Bei einer Zwillingsgeburt kommt zuerst ein Baby auf die Welt und das andere folgt dann meist einige Minuten später. Manchmal kann es aber länger dauern, bis das zweite Kind geboren wird. Es hat sogar schon Fälle gegeben, in denen ein ganzer Tag zwischen der Geburt des ersten und des zweiten Babys lag.

- *Siamesische Zwillinge:* Das sind eineiige Zwillinge, die miteinander verwachsen sind, weil sich die befruchtete Eizelle nicht wie bei den eineiigen Zwillingen vollständig geteilt hat. Siamesische Zwillinge sind sehr selten und können auf verschiedene Arten miteinander verbunden sein. Wenn sie an den Füßen, Schultern oder Armen verwachsen sind, können sie durch eine Operation getrennt werden. In anderen Fällen kann eine operative Trennung sehr schwierig sein, etwa wenn sie am Brustkorb miteinander verwachsen sind und nur ein gemeinsames Herz haben. Wenn nicht operiert wird, bleiben siamesische Zwillinge ihr ganzes Leben lang miteinander verbunden.

- *Drillinge, Vierlinge, Fünflinge:* Sie sind viel seltener als Zwillinge. Bei mehr als drei Babys gleichzeitig sind die Chancen, dass sie alle überleben, allerdings geringer, denn weil es mehrere sind, sind sie oft viel kleiner als normale Babys und kommen meist auch früher zur Welt, bevor sie sich vollständig entwickelt haben. Soweit bekannt, waren Zwölflinge die größte Anzahl von Kindern, die jemals gleichzeitig geboren wurden; allerdings sind einige gleich bei der Geburt oder kurz danach gestorben. Es gab aber auch schon Siebenlinge, die alle überlebt haben.

Bekommen Frauen mehr als zwei Kinder gleichzeitig, wird dies oft durch Medikamente verursacht, die sie eingenommen haben, um schwanger zu werden. Diese Medikamente können die Eierstöcke so stark anregen, dass sich gleichzeitig mehrere reife Eizellen entwickeln.

Alles, was du schon immer über … wissen wolltest

Sicher hast du wie die meisten anderen Jungen viele Fragen zu dem, was während der Pubertät in deinem Körper geschieht, aber es ist nicht immer leicht, diese Fragen zu stellen, weil man denkt, dass es peinlich sein könnte, oder Angst hat, ausgelacht zu werden, weil alle anderen sich besser auskennen.

Wenn es dir auch schon mal so gegangen ist, bist du nicht der Einzige, und deshalb spielen wir in meiner Klasse hin und wieder ein Spiel, das heißt: »Alles, was du schon immer über … wissen wolltest, dich aber nicht zu fragen traust.« Dazu gehört, dass wir am Anfang der Stunde Zettel verteilen, auf die jeder anonym seine Fragen schreiben kann und die in ein verschlossenes Kästchen kommen, das nur ich öffnen darf. Dann lese ich die Fragen vor und beantworte sie, so gut ich kann. Wenn ich es nicht weiß, bemühe ich mich, die Antwort bis zur nächsten Stunde herauszufinden. Hier sind einige der häufigsten Fragen aus unserem Kasten, auf die wir in den folgenden Kapiteln eingehen werden:

- Wie lang ist der längste Penis, den man je gemessen hat? Kann ein Penis zu kurz sein?
- Wann wächst der Bart?
- Warum kriegt man manchmal einen Ständer, auch wenn man überhaupt nicht an Sex denkt?
- Ist die Linie entlang der Hoden normal?
- Stimmt da etwas nicht, wenn ein Hoden weiter runterhängt als der andere?
- Wie groß werde ich mal sein?
- Gibt es irgendwelche Mittel, um den Penis zu verlängern?
- Wie sollte sich das Glied krümmen, wenn es hart ist?
- In welchem Alter bekommt man einen Samenerguss?
- Ich hab nicht viele Haare auf meinen Hoden. Ist das normal?
- Kann ein Junge einen Busen bekommen?

- Ist es okay, wenn man sich selbst befriedigt?
- Was bedeutet es, wenn man onaniert und dabei nur klares Zeug rauskommt?
- Sind die kleinen weißen Erhebungen auf dem Glied eine Krankheit?
- Was bedeutet es, wenn die Hoden riesig sind, aber der Penis winzig klein?
- Was hilft gegen Pickel?
- Was bedeuten Schmerzen im Penis, und was bedeutet es, wenn etwas weißes Zeug rauskommt, das wie Milch aussieht?
- Wann kommt man in die Pubertät?
- Wie weiß man, dass man schwul ist?
- Ist es gefährlich, wenn man zu oft einen Samenerguss hat?
- Was passiert bei Mädchen in der Pubertät und während der Periode?
- Wie lange dauert die Pubertät?
- Wie schafft man es, dass die Mädchen einen mögen?

Kapitel 2
Die ersten Veränderungen

Eines meiner liebsten Hobbys ist mein Garten, in dem ich mein eigenes Gemüse anbaue, natürlich, um gesünder zu essen, aber auch, weil ich mir einbilde, dadurch viel Geld sparen zu können. Aber in Wirklichkeit gebe ich ein kleines Vermögen für Gartenbücher, Düngemittel und Vogelschutznetze aus, sodass mich letztlich jedes Pfund Gemüse, das ich in meinem Garten ernte, etwa 50 Euro kostet.

Jetzt fragst du dich vielleicht, was mein Gemüsegarten mit der Pubertät zu tun hat. Die Antwortet lautet: überhaupt nichts, außer dass jede Pflanze in meinem Garten auf ihre eigene Art und Weise und ihrem eigenen Tempo entsprechend wächst. Ich kann zum Beispiel zwei Samen aus der gleichen Packung nehmen und sie nebeneinander in die Erde pflanzen, sodass sie die gleiche Menge Sonne abbekommen, und beiden die gleiche Menge Wasser geben. Aber einer der Sprosse ist bereits sechs Zentimeter hoch, ehe der andere überhaupt auf der Oberfläche erscheint – so wie auch jeder Junge seine eigene Art der Entwicklung und sein eigenes Tempo hat.

Nehmen wir zum Beispiel die Jungen in Abbildung 11: Beide sind zwölf Jahre alt und in jeder Hinsicht völlig gesund und normal, aber ein Junge ist bereits mitten in der Pubertät. Seine Geschlechtsorgane sind schon gewachsen und er hat bereits viele Schamhaare. Außerdem ist er schon relativ groß, seine Muskeln sind gewachsen, und er hat Haare auf dem Körper und im Ge-

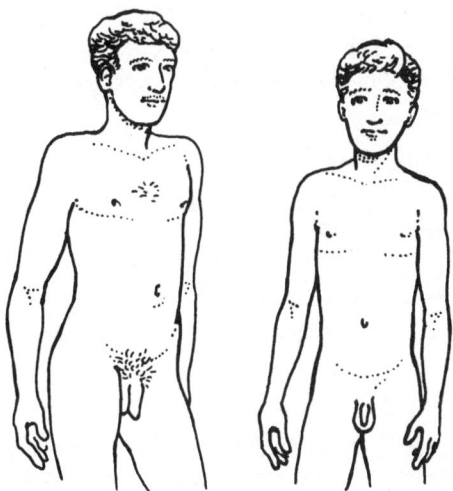

Abb. 11: **Unterschiedliche Entwicklungsphasen.** Beide Jungen sind zwölf Jahre alt. Der eine ist schon ziemlich weit entwickelt, beim anderen hat die Pubertät gerade erst angefangen.

sicht. Der andere Junge fängt dagegen gerade erst mit der Pubertät an, aber beide entwickeln sich normal und in der für sie richtigen Zeit.

Früh oder spät?

Die Pubertät beginnt bei manchen Jungen schon mit neun Jahren, bei anderen dagegen erst mit 14 oder 15 Jahren. Warum das so ist, lässt sich noch nicht vollständig beantworten, hängt aber wohl zum Teil vom elterlichen Erbe ab, wobei sich Jungen oft entsprechend dem Entwicklungsschema ihres Vaters und anderer männlicher Familienmitglieder entwickeln.

Das ist aber keine feste Regel. So kann zum Beispiel bei einem Jungen, dessen Verwandte erst spät in die Pubertät gekommen sind, die Entwicklung schon im Durchschnittsalter oder sogar noch früher einsetzen. Möglich ist aber auch, dass das Schema bei den männlichen Verwandten nicht gleich war, dass sie also früh, spät oder im durchschnittlichen Alter in die Pubertät gekommen sind. Frag also am besten deinen Vater, die Großväter und die männlichen Geschwister deines Vaters, wann die Pubertät bei ihnen angefangen hat.

Schnell oder langsam?

Viele glauben, dass Jungen, die früh in die Pubertät kommen, sich schneller entwickeln als andere, aber das ist keineswegs immer der Fall. Einige, bei denen die Pubertät früh eingesetzt hat, entwickeln sich tatsächlich schnell, andere Frühstarter entwickeln sich im Durchschnittstempo und bei manchen verläuft die Pubertät nur langsam. Das Gleiche gilt übrigens auch für Spätzünder und für Jungen, bei denen die Pubertät im durchschnittlichen Alter einsetzt. Mit anderen Worten: Das Alter, in dem die Pubertät beginnt, sagt nichts darüber aus, wie schnell oder langsam sie verläuft. Das Gleiche gilt für die Dauer der Pubertät: Bei den meisten Jungen dauert sie drei bis vier Jahre, bei manchen sind es dagegen fünf Jahre und mehr und einige sind sogar schon in weniger als zwei Jahren »fertig«.

Erste Pubertätszeichen

Bei den meisten Jungen ist das erste äußere Pubertätszeichen das Wachstum der Hoden und des Hodensacks: Der Hodensack wird länger und lockerer und die Haut rötlicher bzw. dunkler, die Hoden werden größer und hängen tiefer. Kurz darauf beginnt meist auch der Penis zu wachsen, d. h., er wird länger und breiter, und die ersten Schamhaare zeigen sich.

Die Hodengröße messen

Das Wachstum von Hoden und Hodensack wird von vielen Jungen oft gar nicht bemerkt, lässt sich aber sehr gut nachmessen. Der Arzt misst die Hodengröße mit dem Orchidometer – das sind mehrere eierförmige Schablonen aus Holz oder Plastik, die der Größe nach geordnet an einer Schnur aufgereiht sind (siehe Abbildung 12).

Zum Messen hält der Arzt den Orchidometer in einer Hand und den Hoden des Jungen oder Mannes in der anderen. Dann lässt er die Schablonen durch die Hand gleiten und vergleicht ihre Größe mit der des Hoden. Die Größe des Hoden wird nach Volumen gemessen, das heißt danach, wie viel Raum er ausfüllt, die dafür verwendete Maßeinheit ist Milliliter (ml). Die Schablone mit der Zahl 1 hat demnach ein Volumen von 1 Milliliter, was etwa einem Fünftel eines Teelöffels entspricht. Die größte Schablone hat ein Volumen von 25 ml, was etwa fünf Teelöffeln entspricht.

Wenn du dir eine ungefähre Vorstellung von der Größe deiner Hoden machen willst, brauchst du sie nur mit dem abgebildeten Orchidometer zu vergleichen. Sollte dir dabei auffallen, dass ein Hoden etwas größer ist als der andere, brauchst du dir deshalb keine Sorgen zu machen, denn das ist völlig normal. Bei erwachsenen Männern ist der rechte Hoden meistens (aber nicht immer) etwas größer als der linke, und häufig hängt der linke Hoden etwas weiter nach unten als der rechte.

Wenn deine Hoden ein Volumen von vier Milliliter oder mehr haben, ist das ein ziemlich verlässliches Zeichen dafür, dass bei dir die Pubertät bereits begonnen hat. Sind deine Hoden dagegen nur drei Milliliter groß oder noch kleiner, hat die Pubertät bei dir wahrscheinlich noch nicht eingesetzt.

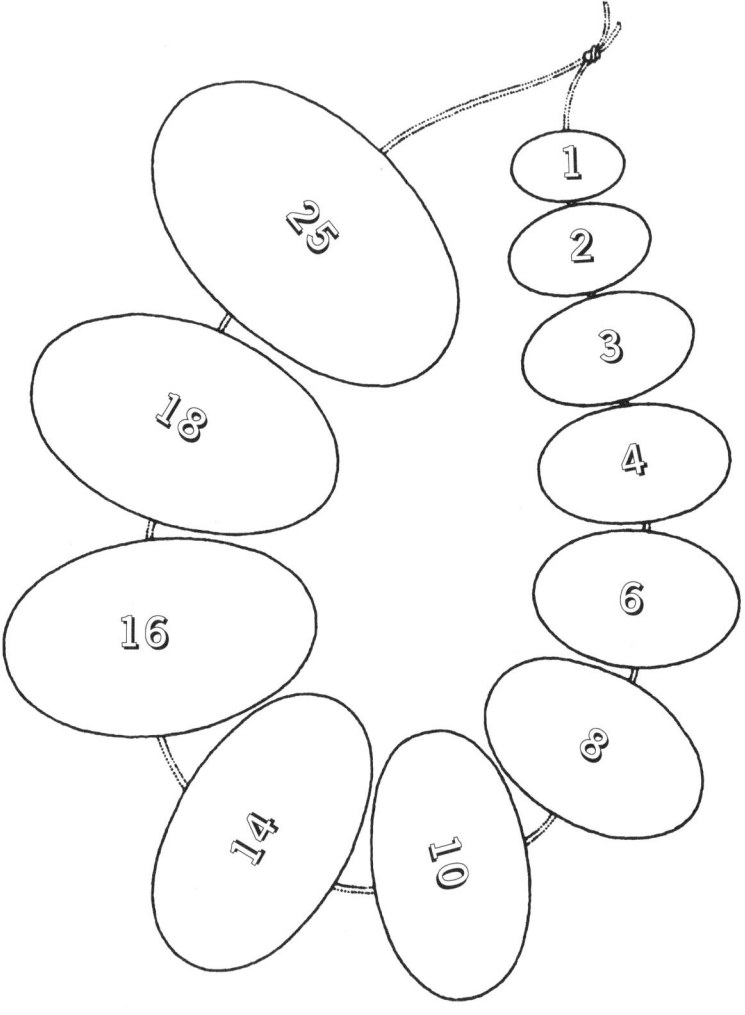

Abb. 12: Das Orchidometer in Originalgröße

Die ersten Schamhaare

In der Pubertät beginnt auch das Wachstum der Schamhaare, und oft ist das die erste Veränderung, die ein Junge an sich selbst bemerkt. Bei einigen Jungen beginnt die Schambehaarung etwa zur gleichen Zeit wie das Wachstum der Hoden, bei anderen setzt das Wachstum dagegen erst einige Zeit später ein.

Die ersten Schamhaare sind meistens noch nicht dunkel oder gekräuselt und häufig sind es auch nur wenige – gewöhnlich an der Stelle, wo der Penis mit dem Körper verbunden ist. Im Laufe der Pubertät werden die Schamhaare dann immer dichter und krauser.

Schamhaar hat normalerweise die Farbe des Kopfhaars, aber es kann auch etwas heller oder dunkler sein. Wie viel Schamhaare du als Erwachsener haben wirst, hängt auch von der ethnischen Herkunft ab. So haben beispielsweise Chinesen und Japaner oft weniger Schamhaar, und es wächst später als bei Europäern oder Afrikanern (mehr darüber erfährst du auf Seite 57).

Einige Jungen, mit denen wir gesprochen haben, machten sich Sorgen, als ihr Schamhaar zu wachsen begann:

»Es sah so aus, als bekäme ich überall Pickel auf der Haut um meinen Schwanz herum.« *Jacob, 16 Jahre*

»Plötzlich erschienen da so kleine Erhebungen, und ich dachte schon, ich hätte irgendeine Krankheit.«
Philipp, 15 Jahre

»Zuerst habe ich diese winzigen, weißlichen Flecken gesehen und erst mal abgewartet. Dann konnte ich sehen, wie aus diesen Flecken krause Haare wuchsen.«
Alexander, 17 Jahre

Wenn das Schamhaar zu wachsen beginnt, sieht man oft kleine
Erhebungen auf der Hautoberfläche, die meist wie Pickel aussehen. Diese Erhebungen werden durch die wachsenden Schamhaare verursacht, die gerade dabei sind, sich durch die Haut zu
drücken, und bald darauf kann man dann sehen, wie die ersten
kleinen Haare auf der Oberfläche der Erhebungen erscheinen.
Wenn man nicht weiß, was da passiert, kann das sehr beunruhi-

Warum gibt's überhaupt einen Hodensack?

Hast du dich eigentlich schon mal gefragt, warum sich die
Hoden außerhalb vom Körper im Hodensack befinden, wo
sie viel ungeschützter sind als im Körperinneren?

Auf diese Frage gibt es eine gute Antwort: Die Spermien –
das sind die männlichen Fortpflanzungszellen – werden in
den Hoden gebildet, und damit das möglich ist, müssen die
Hoden genau die richtige Temperatur haben. Sie ist etwas
niedriger als die normale Körpertemperatur, sodass es im
Innern des Körpers zu warm für die Hoden wäre. Deswegen
sind die Hoden im Hodensack untergebracht, wo die Luft
zirkuliert und sie kühl hält.

Der Hodensack tut sein Bestes, damit die Hoden genau die
richtige Temperatur bekommen. Bei Kälte im Winter oder
wenn du in einen kalten Swimmingpool springst, zieht sich
der Hodensack zusammen, wodurch die Hoden enger an
den Körper gedrückt werden, damit sie mehr Wärme bekommen. Bei heißem Wetter, nach einem heißen Bad oder
bei Fieber erschlafft der Hodensack und hängt tiefer, sodass die Hoden weiter vom Körper entfernt sind und schön
kühl bleiben.

gend sein, aber dieses Wachstum ist ein ganz normaler Teil des Erwachsenwerdens und man braucht sich keine Sorgen zu machen.

Vielleicht siehst du aber auch noch andere kleine Erhebungen oder Flecken auf der Haut des Penis und des Hodensacks, aus denen keine Haare wachsen. Das sind Talg- und Schweißdrüsen, in denen jetzt vermehrt Talg und Schweiß produziert wird, sodass die Haut in diesem Bereich etwas feuchter ist und anders riecht als an anderen Körperstellen. Aber auch das ist ein natürlicher Teil des Erwachsenwerdens und ein weiteres Zeichen dafür, dass du ein Mann wirst.

Die fünf Pubertätsphasen

Die Ärzte unterteilen das Wachstum und die Entwicklung der Geschlechtsorgane und der Schamhaare in fünf Phasen, wie sie in Abbildung 13 und 14 (siehe Seite 54f.) dargestellt sind. Dabei müssen die Phasen von Geschlechtsentwicklung und Schambehaarung einander nicht immer entsprechen. Du kannst zum Beispiel in Phase 2 der Geschlechtsentwicklung und in Phase 1 der Schambehaarung sein, ohne dass du dir deshalb Sorgen machen müsstest, denn das ist völlig normal. Wenn sich die Phasen von Geschlechts- und Schamhaarwachstum nicht entsprechen, ist der Unterschied in der Regel nicht sehr groß. Meistens hinkt das Wachstum der Schamhaare nur ein bis zwei Phasen hinter der Genitalentwicklung her. Aber manchmal ist es auch anders. So kann zum Beispiel ein Junge in Phase 4 der Genitalentwicklung sein, bevor seine ersten Schamhaare wachsen, aber auch das ist völlig normal.

Phase 1: Kindheit

Deine Geschlechtsorgane verändern sich in dieser Zeit nur wenig. Da dein ganzer Körper wächst, werden zwar auch der Penis, der

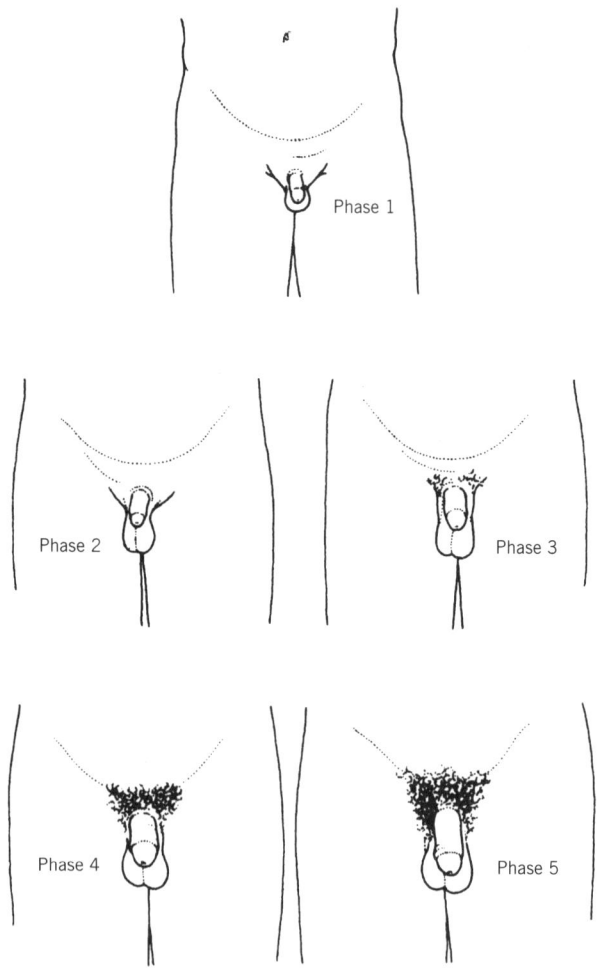

Abb. 13: Die fünf Phasen der Geschlechtsentwicklung

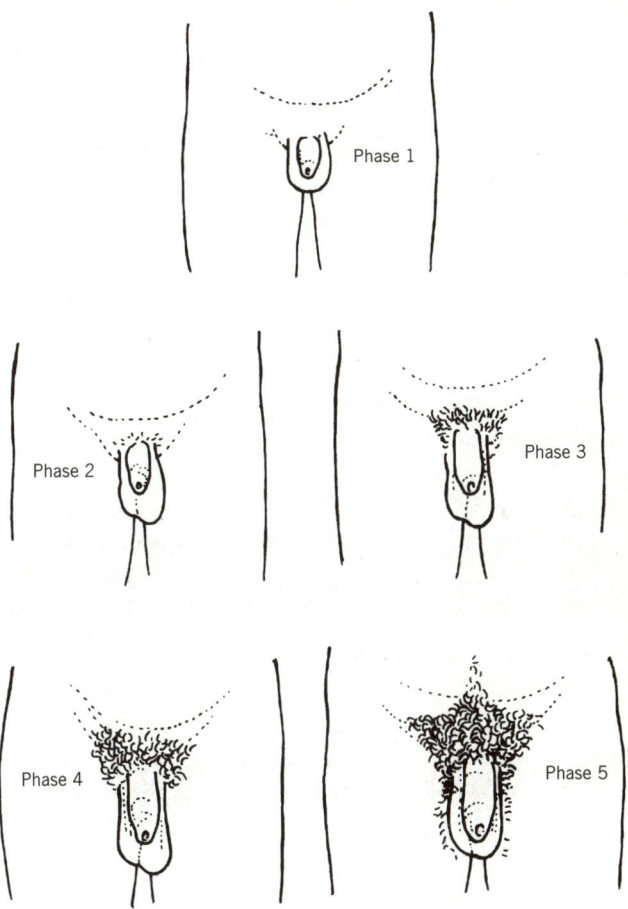

Abb. 14: **Die fünf Phasen der Schambehaarung**

Hodensack und die Hoden etwas größer, aber dieses Wachstum verläuft sehr langsam. Die Hoden sind meist weniger als drei Milliliter groß.

Phase 2: Die Hoden verändern sich

In dieser Phase beginnen die Hoden und der Hodensack zu wachsen, während der Penis kaum größer wird. Sobald deine Hoden vier Milliliter und größer sind, bist du »offiziell« in die Pubertät gekommen.

Während die Hoden wachsen, wird der Hodensack lockerer und länger, die Haut wird rötlicher bzw. dunkler und dünner. Er bekommt die Form eines Beutels, bildet Falten und die Hoden füllen den Hodensack nun nicht mehr aus.

Die meisten Jungen kommen im Alter von zehn bis zwölf Jahren in Phase 2, aber es gibt auch einige Jungen, bei denen diese Phase bereits mit acht oder neun Jahren oder auch erst mit 13 oder 14 Jahren beginnt. Sie kann einige Monate bis über zwei Jahre dauern, der Durchschnitt liegt bei etwa einem Jahr.

Phase 3: Der Penis wird länger

In Phase 3 beginnt der Penis länger zu werden und die Haut wird dunkler, der Hodensack und die Hoden wachsen weiter.

Die meisten Jungen erreichen diese Phase im Alter von zehn bis 14 Jahren, sie dauert zwischen einigen Monaten und anderthalb Jahren.

Phase 4: Der Penis wird breiter

In Phase 4 wird der Penis breiter und dunkler, auch die Eichel verändert sich. Der Hodensack hängt tiefer und wird noch dunkler, die Hoden wachsen weiter.

Bei den meisten Jungen beginnt diese Phase im Alter von 13

bis 14 Jahren, manche sind auch erst elf oder zwölf Jahre alt und wieder andere schon 15, 16 oder 17. Diese Phase dauert zwischen sechs Monaten und zwei Jahren.

Phase 5: Das Wachstum ist abgeschlossen
Jetzt sind die Hoden in der Regel 4,3 Zentimeter lang und haben ein Volumen von 14 bis 27 Milliliter erreicht. Auch der Hodensack ist vollständig ausgebildet und die Haut von Hodensack und Penis ist noch dunkler geworden. Der Penis hat seine endgültige Länge erreicht, die wie bei anderen Körperteilen sehr unterschiedlich sein kann (siehe Seite 62).

Viele Jungen erreichen diese Phase im Alter von 14 bis 16 Jahren, andere sind zwölf oder 13 Jahre alt und bei manchen ist Phase 5 erst mit 16 oder 17 Jahren abgeschlossen.

Die fünf Phasen der Schambehaarung
Wie schon auf Seite 53 gesagt, unterteilen die Mediziner auch das Wachstum der Schamhaare in fünf Phasen, die in Abbildung 14 dargestellt sind:

Phase 1: Kindheit
In der Kindheitsphase gibt es noch keine Schamhaare. Vielleicht hast du statt dessen einige feine kurze Härchen auf deinem Unterbauch und im Bereich deiner Genitalien, aber die sind dann ebenso hell und weich wie das Haar, das an anderen Körperstellen wächst.

Phase 2: Das Wachstum beginnt
Jetzt beginnen sich die ersten Schamhaare zu zeigen. Sie sind gerade oder nur ganz leicht geringelt und kaum dunkler, aber etwas härter und länger als die feinen Härchen aus Phase 1. Diese

ersten Haare wachsen in der Regel am Penisansatz, und es sind auch meist nur wenige, sodass du wahrscheinlich genauer hinschauen musst, um sie erkennen zu können.

Phase 3: Das Wachstum geht weiter

In dieser Phase bedeckt das Schamhaar einen noch größeren Bereich und kann sich bis zum Hodensack ausdehnen. Im Vergleich zur ersten Phase sind es jetzt schon mehr Haare, aber immer noch nicht sehr viele, und sie sind auch dunkler, drahtiger und stärker geringelt als vorher.

Phase 4: Das Wachstum setzt sich fort

Die Schamhaare können jetzt die Form eines auf den Kopf gestellten Dreiecks haben. Sie sind genauso dunkel, kraus und drahtig wie in der Erwachsenen-Phase 5 und viel dichter als in Phase 3.

Phase 5: Das Wachstum ist abgeschlossen

Jetzt hat das drahtig-krause Schamhaar eine deutlich erkennbare Dreiecksform und dehnt sich auf beiden Seiten bis zu den Oberschenkeln und zum Bauchnabel aus.

Gemischte Gefühle

Die meisten Jungen in den zweiten und dritten Klassen sind noch nicht in der Pubertät und wenn ich mit ihnen über die körperlichen Veränderungen spreche, sind die Reaktionen sehr gemischt – manche können es kaum erwarten, bei anderen ist das Gegenteil der Fall, so wie bei diesem Jungen aus der dritten Klasse:

»Ich will nicht, dass mein Penis groß und haarig und hässlich wird.«   *Jonathan, 8 Jahre*

Von den älteren Jungen sind die meisten bereits in der Pubertät
oder kurz davor. Viele freuen sich und sind stolz, wenn sie sehen,
wie sich ihr Körper verändert, so wie dieser Junge:

»Es ist ein tolles Gefühl – super, jetzt werde ich endlich erwachsen!«
Marc, 12 Jahre

Daneben gibt es aber auch andere Gefühle, was ebenfalls völlig
normal ist, denn fast jeder wird irgendwann unsicher, was in der
Pubertät auf ihn zukommt:

»Beim Baden hab ich auf einmal entdeckt, dass da plötzlich ein paar Schamhaare waren. Ich kam mir ganz erwachsen vor und war total begeistert, aber zwei Sekunden später bekam ich richtig Angst, was jetzt alles
noch mit mir passieren würde.«
Moritz, 11 Jahre

Einige Jungen sind auch deshalb deprimiert, weil sie im Vergleich
zu ihren Freunden und Klassenkameraden richtige »Spätzünder«
sind. Diese Männer erzählten uns, wie schwer das für sie war:

»Ich kam erst mit sechzehn in die Pubertät, und für
mich waren vor allem die Situationen ein echter Stress,
in denen die anderen Jungs sehen konnten, dass bei mir
noch nichts los war. Beim Sportunterricht hab ich dann
immer versucht, meinen Körper möglichst zu verstecken.«
Hans, 47 Jahre

»Als alle anderen Jungs in meiner Klasse schon richtig
erwachsen waren und überall Haare hatten, war ich immer noch ein dünner, kleiner Knirps. Als es dann end-

```
lich auch bei mir so weit war, ging alles sehr schnell,
und ich war total erleichtert. Eine Zeit lang hatte ich
nämlich gedacht, dass ich vielleicht krank wäre oder
dass irgendwas mit mir nicht stimmt. Aber schließlich
war doch alles ganz normal.«
```
Günther, 42 Jahre

Wenn du vielleicht auch zu den Spätzündern gehörst und dir Sorgen machst, dass du nie in die Pubertät kommst, schau dich einmal um. Wie viele Erwachsene kennst du, bei denen die Pubertät ausgefallen ist? Keine, oder? Denn jeder kommt früher oder später in die Pubertät, und es wird jetzt sicher auch bei dir nicht mehr lange dauern, bis du deine Freunde eingeholt hast. Probleme haben manchmal aber auch die Jungen, bei denen die Pubertät sehr früh einsetzt. Ein Mann hat uns erzählt, wie er sich dabei fühlte:

```
»Ich kam sehr früh in die Pubertät und war sehr stolz
darauf, aber auch verlegen, weil ich irgendwann ganz
anders aussah als die anderen Jungs.«
```
Peter, 26 Jahre

Das ist verständlich, denn es ist immer schwierig, anders zu sein als die anderen. Sollte es dir ähnlich ergehen, versuch immer daran zu denken, dass es kein festgelegtes Alter für die Pubertät gibt und dass jeder sich in dem Alter entwickelt, das für ihn richtig ist.

Zu früh – zu spät?

Fast jeder Teenager stellt sich irgendwann in der Pubertät die Frage, ob bei ihm alles stimmt, und die Antwort ist fast immer »ja«. Nur in sehr seltenen Fällen gibt es körperliche Ursachen, die dazu führen können, dass die Pubertät zu früh oder zu spät beginnt.

Es ist allerdings nicht immer leicht zu erkennen, was »zu früh« oder »zu spät« ist, denn wie du gesehen hast, kommt man in sehr unterschiedlichem Alter in die Pubertät – einige Jungen schon mit neun Jahren, bei anderen beginnt die Pubertät erst mit 14 Jahren oder noch später.

Die Mediziner raten jedoch, dass sich Jungen, die vor dem Alter von achteinhalb bis neun Jahren in die Pubertät kommen, ärztlich untersuchen lassen sollten, d. h., wenn sich in diesem Alter bereits Hoden oder Penis entwickeln, Schamhaare wachsen oder andere pubertäre Entwicklungen stattfinden. Ein Arztbesuch wird auch empfohlen, wenn die Pubertät im Alter von 14 oder 15 Jahren noch gar nicht begonnen hat, d. h., wenn sich die Geschlechtsorgane bis dahin noch nicht verändert haben oder wenn in diesem Alter noch keine Schamhaare zu sehen sind. Aber dies sind nur ungefähre Grenzwerte, an die du dich natürlich nicht halten musst: Wenn du das Gefühl hast, dass irgendetwas bei deiner körperlichen Entwicklung nicht stimmt, solltest du zu deinem Arzt gehen, ganz gleich, wie alt du bist. Wenn dann festgestellt wird, dass ein medizinisches Problem vorliegt, ist es gut, wenn es früh erkannt wird. Wenn nichts gefunden wird, kannst du dich freuen, dass alles in Ordnung ist.

Kapitel 3
Wissenswertes über den Penis

In Kapitel 2 hast du gesehen, wie sich Penis und Hodensack während der Pubertät verändern und wahrscheinlich bist du ebenso neugierig und hast ebenso viele Fragen zu Größe, Form und Aussehen, wie die meisten anderen Jungen.

Dieses Kapitel versucht, all die Fragen zum »besten Freund des Mannes« zu beantworten, denn wie bei anderen Körperteilen ist das Aussehen von Penis und Hodensack sehr unterschiedlich. Und wenn du die Unterschiede kennst, weißt du, was normal ist und was nicht.

Die »richtige« Länge?

Wenn du dir zur Länge deines Penis Gedanken machst, bist du damit nicht allein, denn dieses Thema taucht immer wieder in unserem Fragekasten und zahlreichen Leserbriefen auf – wir bekommen sogar mehr Fragen zur Penislänge als zu allen anderen Themen!

Einer der frühesten wissenschaftlichen Berichte zur Penislänge stammt aus dem Jahr 1879, in dem ein gewisser Dr. Krause berichtete, dass der erigierte Penis im Durchschnitt knapp 21 cm lang sei. Vielleicht geht ja das ganze Problem der Männer, die glauben, ihr Glied sei zu kurz, auf diesen Bericht zurück, aber Tatsache ist, dass dieser Dr. Krause sich damals um mehr als fünf Zentimeter vertan hat und dass nur einer von hundert erwachsenen Männern diese Länge tatsächlich erreicht.

Viele Jungen glauben, dass ihr Penis zu kurz ist und dass er im Vergleich zu denen der anderen Jungs beim Vergleich in der Umkleidekabine oder unter der Dusche scheinbar kürzer ist. Aber ein solcher Längenvergleich kann sehr täuschen, denn bei einem schlaffen Glied gibt es große Unterschiede, die bei einer Erektion wieder verschwinden. Das bedeutet, ein eher kurzer Penis wird häufig bei einer Erektion länger und umgekehrt – ein Glied, das im schlaffen Zustand länger ist als der Durchschnitt, muss im erigierten Zustand nicht entsprechend länger sein. Wenn dein Penis also in schlaffem Zustand eher kurz ist, heißt das nicht, dass er auch in erigiertem Zustand kurz ist.

Es ist sogar schon schwierig, die Durchschnittsgröße eines schlaffen Penis zu bestimmen, was daran liegt, dass die Länge sich dann so stark verändert: Wenn man Angst hat, friert oder nervös ist, kann die Blutmenge im Glied abnehmen, sodass es um mehr als fünf Zentimeter schrumpft. Ist man dagegen entspannt oder ist einem warm, dann erhöht sich das Blutvolumen im Glied, sodass es größer wird. Deshalb wird bei den meisten wissenschaftlichen Untersuchungen auch nur die Länge des erigierten Penis gemessen.

Wenn du unzufrieden mit der Länge deines Penis bist, vergiss auch nicht, dass du ja immer noch wächst und der Penis seine endgültige Länge erst in Phase 5 erreicht – bei vielen Jungen ist das im Alter von 17, 18 oder sogar noch später der Fall.

Auf Seite 54 hast du gesehen, dass der Penis eigentlich erst in Phase 3 zu wachsen beginnt, wobei die einzelnen Phasen in sehr unterschiedlichem Alter stattfinden. So kann beispielsweise der Junge neben dir in der Dusche genauso alt sein wie du, aber in einer späteren Pubertätsphase sein als du, sodass sein Penis länger ist als deiner. Das heißt aber nicht, dass deiner zu klein ist, denn wenn du erst mal diese Phase erreicht hast, wird dein

Penis wahrscheinlich in etwa die gleiche Länge haben wie die deines Nachbarn.

Übrigens kann auch die Länge des erigierten Penis je nach Temperatur, Stimmung, Tageszeit und sexueller Betätigung variieren, allerdings sind die Unterschiede hier nicht so groß wie beim weichen Penis.

Durchschnittslänge und -umfang

Die Penislänge ist für viele Männer ein wichtiges Thema, und man sollte meinen, es gäbe zahlreiche wissenschaftliche Studien dazu. Aber das ist nicht der Fall, und einige dieser Untersuchungen sind vermutlich auch nicht repräsentativ, denn an manchen Studien waren zu wenig Männer beteiligt, und bei anderen hat-

Nachmessen

In wissenschaftlichen Studien wird die Länge des Penis entlang der Oberseite gemessen und zwar von der Stelle an, wo er mit dem Körper verbunden ist, bis zur Spitze. Die meisten Männer haben irgendwann einmal ihren Penis gemessen, und das ist auch ganz einfach, denn alles, was du dafür brauchst, ist ein Lineal (nimm aber kein Maßband, denn nur das Lineal ist fest genug, um es in das Fettgewebe über dem Schambein zu drücken).

Wenn du eine Erektion hast und aufrecht stehst, lege das Lineal oben auf dein Glied. Achte darauf, dass es dabei so gerade wie möglich ist, damit es sich in einer geraden Linie unter dem Lineal befindet. Drück das eine Ende des Lineals in das Fettgewebe am Ansatz deines Penis und miss dann die Entfernung vom Ansatz bis zur Spitze.

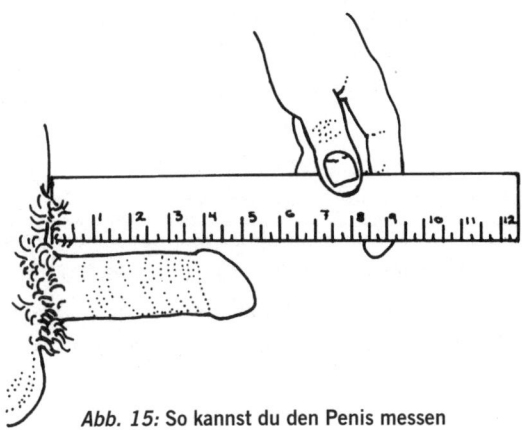

Abb. 15: **So kannst du den Penis messen**

ten die Versuchspersonen ihre Penislänge ohne wissenschaftliche Kontrolle gemessen. Eine dieser Studien stammt von dem berühmten Sexualforscher Alfred Kinsey, bei der Tausende von Freiwilligen gebeten wurden, die Länge ihres erigierten Penis zu messen und das Ergebnis einzusenden. Die durchschnittliche Länge des erigierten Penis lag dabei knapp unter 15,8 cm. Es gibt aber auch einige neuere Untersuchungen, in denen die Messungen größtenteils unter ärztlicher Aufsicht oder mithilfe von Fotos erfolgten. Sie ergaben beim erigierten Penis eine durchschnittliche Länge von 15,3 cm und einen durchschnittlichen Umfang von 12,5 cm (an der dicksten Stelle gemessen); bei sieben von zehn erwachsenen Männern lag die Länge des erigierten Penis zwischen 13,3 und 17,2 cm.

Legenden von der Penislänge

Zur Penislänge gibt es viele Mythen und Legenden, von denen die meisten aber völlig falsch sind und mit denen wir an dieser Stelle aufräumen wollen:

- *Mythos 1:* Männer mit großem Penis sind maskuliner (männlicher) als Männer mit einem kleinen Glied. Diese Meinung wird in verschiedenen Versionen verbreitet, je nachdem, was die Leute als männlich empfinden. Zum Beispiel hast du vielleicht davon gehört, dass Männer mit einem großen Penis sportlicher, tapferer oder stärker sein sollen als solche mit einem kürzeren Glied. Tatsache ist aber, dass das einfach nicht stimmt. Die Größe des Penis hat nichts damit zu tun, wie tapfer, stark oder sportlich ein Mann ist.

- *Mythos 2:* Männer mit großem Penis haben mehr sexuelle Potenz. Auch dazu gibt es mehrere Varianten. So heißt es zum Beispiel, dass Männer mit einem großen Penis einen stärkeren Sexualtrieb oder mehr und längere Erektionen haben. Tatsache ist aber, dass die Größe des Penis nichts damit zu tun hat. Männer haben einen unterschiedlich starken Sexualtrieb, und einige Männer bekommen schneller eine Erektion als andere, aber diese Unterschiede haben nicht das Geringste mit der Penislänge zu tun.

- *Mythos 3:* Männer mit großem Penis sind die besseren Liebhaber. Auch hier gibt es mehrere Versionen, etwa dass Frauen den Sex mehr genießen, wenn der Mann einen größeren Penis hat oder dass sie Männer mit großem Penis attraktiver finden. Tatsache ist aber, dass die Penisgröße sehr wenig damit zu tun hat, ob die Frau den Geschlechtsverkehr genießt. Die sexuelle Lust einer Frau entsteht vor allem durch die Stimulation im Bereich der Klitoris, und nur das erste kleine Stück in der Scheide enthält überhaupt Nervenenden, während der obere Teil der Scheide nicht sehr empfindsam ist. Außerdem wird die sexuelle Lust einer Frau nicht zuletzt von den Gefühlen für ihren Partner bestimmt, und dabei spielt die Größe des männlichen Glieds nur eine untergeordnete Rolle. Es gibt auch kei-

30 cm und mehr – wissenschaftlich bewiesen!

Diese Behauptung stammt aus Anzeigen für »Penisvergrö-
ßerer«, »Penisvergrößerungssysteme«, »Sextropfen« oder
»Peniscremes«, die aber allesamt nutzlos und völlig unsin-
nig sind: Einige dieser Produkte bestehen nur aus Gewichten, die am Glied befestigt werden, um es in die Länge zu
ziehen, was nicht nur wirkungslos, sondern auch gefährlich
sein kann. Manchmal steckt auch die billige Version einer
medizinischen Vorrichtung hinter einem solchen Angebot,
die auch »Penispumpe« genannt wird. Sie wurde für Männer erfunden, deren Glied nicht normal erigieren kann und
durch die Pumpe härter und länger gemacht wird. Aber wie
bei einer Erektion kann die Pumpe den Penis nur eine Zeit
lang vergrößern, und sobald man mit dem Pumpen aufhört,
ist der Penis wie vorher. Außerdem kann eine solche Pumpe dem Glied ernsthaften Schaden zufügen. Verändern
lässt sich der Penis auch nicht durch Übungen, Hypnose,
Tabletten oder Cremes, auch wenn die Werbung etwas anderes verspricht. Verschwende dein Geld also lieber nicht,
denn all diese Produkte funktionieren nicht und mit einigen
kannst du dich sogar ernsthaft verletzen.

ne wissenschaftlichen Untersuchungen, die belegen, dass
Frauen Männer mit einem größeren Penis bevorzugen. Aber es
gibt Studien, die zeigen, dass Frauen auf die Penisgröße ihres
Partners keinen besonderen Wert legen.

- *Mythos 4:* Afroamerikaner haben einen größeren Penis als die
  Männer anderer Hautfarben oder Rassen. Tatsache ist aber,
  dass es bei der Penisgröße kaum Unterschiede zwischen den

Rassen gibt. So war der durchschnittliche erigierte Penis von Afroamerikanern in den Kinsey-Studien nur 0,25 mm länger als der durchschnittliche Penis von Männern mit weißer Hautfarbe, und auch andere Studien haben gezeigt, dass es lediglich kleine Unterschiede zwischen den verschiedenen ethnischen Gruppen und Hautfarben gibt.

Wir hoffen, dass du in diesem Abschnitt eine wesentliche Sache erkannt hast, nämlich dass die Größe des Penis nichts darüber aussagt, was für ein Liebhaber, Ehemann, Sportler oder Vater du sein wirst. Und sie hat auch nichts damit zu tun, wie männlich oder tapfer du bist!

Beschnitten oder unbeschnitten

Das männliche Glied unterscheidet sich im Aussehen nicht nur durch die Größe, sondern auch durch eine mögliche Beschneidung (siehe auch Seite 31). Abbildung 16 zeigt einen beschnittenen Penis, bei dem die Vorhaut operativ entfernt wurde, sodass man die ganze Eichel – den Kopf des Penis – sieht. Auch der Ei-

Warum überhaupt Beschneidung?

Viele jüdische und moslemische Eltern lassen ihre Babys aus religiösen Gründen beschneiden, andere Eltern entschieden sich früher meist aus hygienischen oder medizinischen Gründen dafür, denn man glaubte lange, dass unbeschnittene Männer eher Penisinfektionen oder -krebs bekommen. Aber Peniskrebs ist sehr selten, und es gibt auch keine Beweise, dass unbeschnittene Männer leichter Infektionen bekommen.

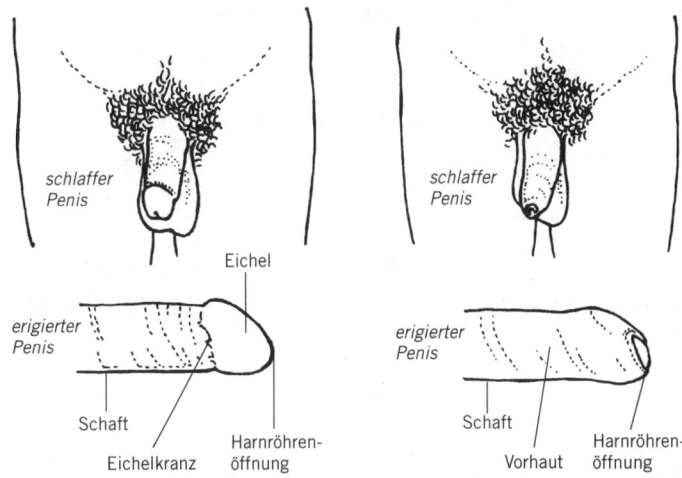

Abb. 16: **Beschnittener Penis**   ***Abb. 17:*** **Unbeschnittener Penis**

Bei beiden Abbildungen ist die Vorhaut nicht zurückgezogen.

chelkranz, der abgerundete Geweberand am unteren Ende der Eichel, ist hier deutlich sichtbar. Abbildung 17 zeigt einen unbeschnittenen Penis, bei dem die intakte Vorhaut den Eichelkranz und die Eichel bis fast zur Spitze bedeckt. Bei manchen Jungen und Männern ist die Vorhaut auch länger bzw. kürzer: Bei einer kürzeren Vorhaut ist der größte Teil der Eichel sichtbar, eine längere Vorhaut bedeckt den größten Teil der Eichel oder kann sogar darüber hinausreichen.

Die Vorhaut

Erwachsene Männer können die Vorhaut über die Eichel und am Penisschaft entlang zurückschieben, wobei es egal ist, ob das Glied erigiert oder weich ist (manchmal zieht sich die Vorhaut bei einer Erektion auch von allein zurück).

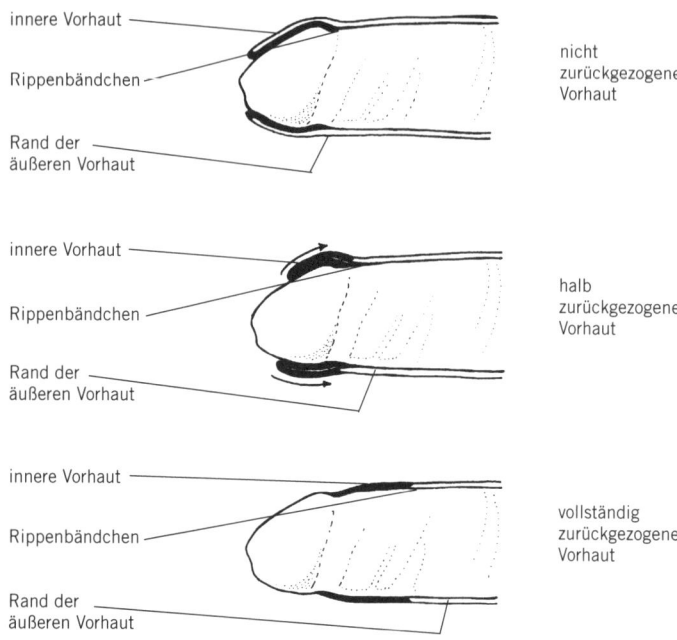

innere Vorhaut

Rippenbändchen

Rand der
äußeren Vorhaut

nicht
zurückgezogene
Vorhaut

innere Vorhaut

Rippenbändchen

Rand der
äußeren Vorhaut

halb
zurückgezogene
Vorhaut

innere Vorhaut

Rippenbändchen

Rand der
äußeren Vorhaut

vollständig
zurückgezogene
Vorhaut

Abb. 18: **Die Vorhaut zurückziehen.** Die Vorhaut besteht aus zwei Schichten, die sich beim Zurückziehen auf der Eichel entrollen.

Bei den meisten neugeborenen Babys kann die Vorhaut dagegen nicht zurückgezogen werden, da sie in der Regel noch mit der Eichel verbunden ist und sich erst nach einigen Jahren löst. Dabei sondern Eichel und Vorhaut ständig Zellen ab, die kleine »Perlen« bilden – runde, weiße oder gelbliche Erhebungen unter der Vorhaut –, sodass immer mehr kleine Hohlräume zwischen Vorhaut und Eichel entstehen, bis die Vorhaut irgendwann vollständig von der Eichel getrennt ist und zurückgezogen werden kann.

Doch selbst nach der Ablösung ist es möglich, dass die Öffnung der Vorhaut noch zu schmal ist, um sich ganz über die Eichel zurückziehen zu lassen (Phimose), was sich durch einen harmlosen chirurgischen Eingriff beheben lässt.

Meist wird die Vorhaut aber durch Erektionen und durch mechanische Bewegungen des Jungen von allein so weit gedehnt, dass sie irgendwann zurückgezogen werden kann.

Das Dehnen der Vorhaut beginnt meist schon früh, weil sogar Babys schon gelegentlich Erektionen haben. Das Dehnen wird aber auch durch die Tatsache begünstigt, dass die meisten kleinen Jungen ihre Geschlechtsteile bereits früh entdecken und bald merken, wie gut sich das Vor- und Zurückgleiten der Vorhaut über die Eichel anfühlt.

Anatomie der Vorhaut

Die Vorhaut besteht aus zwei Schichten, die übereinander liegen und vor- und zurückgleiten können. Die obere Schicht wird äußere Vorhaut genannt, die innere Schicht heißt innere Vorhaut. Auf Abbildung 17 (siehe Seite 69) kannst du nur die äußere Vorhaut erkennen, denn man muss zuerst die Vorhaut zurückziehen, damit auch die innere Schicht sichtbar wird.

Die äußere Vorhaut ist eigentlich nur eine Fortsetzung der Haut, die den Penisschaft bedeckt, und faltet sich nahe der Eichelspitze zusammen. In dieser Falte befindet sich das Rippenbändchen, ein Band aus elastischem Gewebe, das viele Nervenenden enthält und dadurch äußerst empfindlich ist (siehe Abbildung 18 und 19).

Das Rippenbändchen verbindet die äußere Vorhaut mit der inneren; es ist meistens rötlicher oder dunkler als die Farbe der Vorhaut und funktioniert wie ein Gummiband, d. h., beim Zurückziehen dehnt es sich so weit, dass es über die Eichel und den Penisschaft zurückgezogen werden kann. Wird die Vorhaut nach

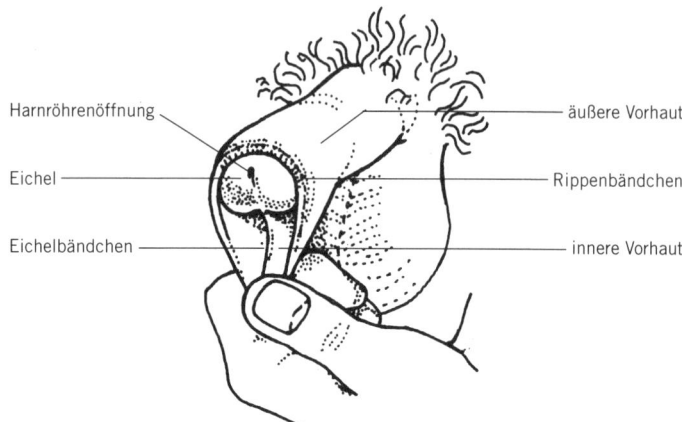

Harnröhrenöffnung

äußere Vorhaut

Eichel

Rippenbändchen

Eichelbändchen

innere Vorhaut

Abb. 19: **Vorhaut und Rippenbändchen.** Bei dieser Ansicht eines Penis von vorne ist die Vorhaut leicht nach unten gezogen, wodurch die innere Vorhaut und das Rippenbändchen sichtbar sind.

vorne gezogen, zieht sich das Band wieder zusammen, und die Öffnung der Vorhaut kehrt wieder zu ihrer normalen Größe zurück.

Das Rippenbändchen besteht aus einer Reihe von Falten oder Rippen, an denen sich zahlreiche Nervenenden befinden, die auf Druck reagieren und stimuliert werden, wenn die Vorhaut über die Eichel vor- und zurückgleitet.

Die rosafarbene oder rote innere Vorhaut, die unter dem Eichelkranz am Penis befestigt ist, ist eigentlich gar keine Haut, sondern ein ganz besonderes Gewebe, das es nur an dieser Körperstelle gibt. Sie fühlt sich feucht an und ist sehr empfindlich, denn wie das Rippenbändchen hat sie besonders viele Nervenenden.

Auf der Unterseite der Eichel befindet sich ein y-förmiges Gewebe, das Eichelbändchen (Frenulum), das wie die Eichel und die innere Vorhaut viele Nervenenden hat und bei einer Beschneidung meist ganz oder teilweise entfernt wird (siehe Abbildung 20).

Das Dehnen der Vorhaut

Wie schon gesagt, lässt sich die Vorhaut nicht über Nacht zurückziehen, sondern Eichel und Vorhaut müssen sich zuerst voneinander lösen und auch danach muss die Öffnung der Vorhaut groß genug sein, damit sie sich über die Eichel ziehen lässt. Dieser Vorgang, dessen fünf Phasen du auf Abbildung 21 sehen kannst, geschieht in der Regel ganz allmählich und dauert meistens einige Jahre:

- *Phase 1:* Die Vorhaut lässt sich nicht zurückziehen, da die Öffnung der Vorhaut zu eng ist. Dies ist bei den meisten Neugeborenen der Fall, kann aber auch noch bei Jungen im Alter von zwölf Jahren und darüber auftreten. Andererseits gibt es aber auch Neugeborene, deren Vorhaut sich vollständig zurückziehen lässt.
- *Phase 2:* In dieser Phase lässt sich die Vorhaut so weit zurückziehen, dass die Harnröhrenöffnung sichtbar wird. Diese Phase erstreckt sich in den meisten Fällen über die ersten zwei Lebensjahre, kann aber auch noch bei älteren Jungen auftreten

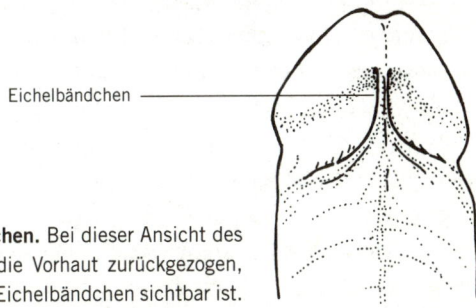

Eichelbändchen

Abb. 20: **Eichelbändchen.** Bei dieser Ansicht des Penis von unten ist die Vorhaut zurückgezogen, sodass das y-förmige Eichelbändchen sichtbar ist.

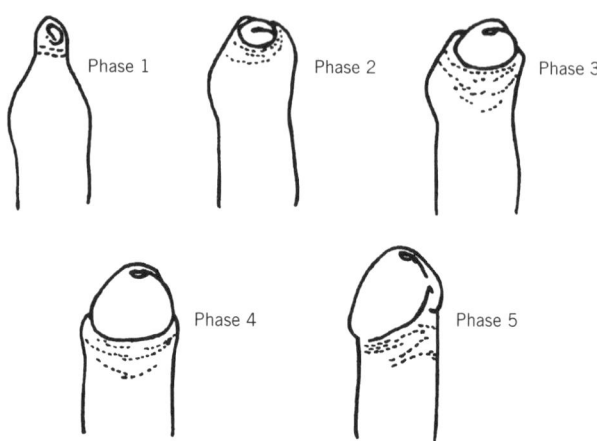

Abb. 21: Die fünf Phasen der Vorhautdehnung

(meist betrifft es einen von zehn Jungen im Alter von zwölf Jahren und darüber).

- *Phase 3:* Jetzt kann die Vorhaut bis zum oberen Rand vom Eichelkranz, dem wulstigen Rand am unteren Teil der Eichel, zurückgezogen werden. Diese Phase findet meist in der frühen Kindheit zwischen zwei und acht Jahren statt, kann aber auch bis zur Pubertät andauern.
- *Phase 4:* Die Vorhaut kann jetzt bis zum Eichelkranz zurückgezogen werden, aber noch nicht über den Eichelkranz selbst. Diese Phase findet bei den meisten Jungen im Alter von acht bis elf Jahren statt, kann aber auch bei Babys unter einem Jahr und bei Jungen über 16 Jahren auftreten.
- *Phase 5:* Die Vorhaut kann vollständig über die Eichel zurückgezogen werden. Diese Phase ist bei den meisten Jungen im Alter von elf bis 15 Jahren erreicht, bei einigen aber auch erst mit 18 Jahren.

Es gibt allerdings auch junge Männer mit einer so genannten Vorhautverengung (Phimose), d. h., die Vorhaut kann nicht über die Eichel zurückgezogen werden. Manche Ärzte sind der Meinung, dass man nicht eingreifen sollte, solange die Vorhautverengung keine Schmerzen oder andere Probleme verursacht, andere wiederum sagen, dass eine Phimose behandelt werden sollte, damit die Vorhaut vollständig zurückgezogen werden kann.

Wenn sich deine Vorhaut nicht vollständig zurückziehen lässt, brauchst du dir keine Sorgen zu machen, solange du keine Schmerzen hast und dich wohl fühlst. Andernfalls solltest du zum Arzt gehen, denn oft lässt sich das Problem mit einer verschreibungspflichtigen Salbe lösen, die einige Wochen lang auf die Vorhaut aufgetragen wird. Sofern du keine Schmerzen hast, kannst du auch selbst versuchen, die Vorhaut vorsichtig zu dehnen, indem du sie ganz behutsam immer wieder etwas zurückziehst, etwa im warmen Wasser in der Badewanne. Die Vorhaut darf allerdings nie mit Gewalt zurückgezogen werden und es sollte auch nicht wehtun, weil sonst das Gewebe einreißen könnte und Eichel und Vorhaut bluten. Beim Verheilen dieser Wunde können dann Verklebungen entstehen, die das Zurückziehen der Vorhaut verhindern, sodass ein medizinischer Eingriff erforderlich werden könnte.

Wenn du deine enge Vorhaut zu stark zurückziehst, kann es auch geschehen, dass sie hinter dem Eichelkranz stecken bleibt. In diesem Fall drücke die Eichel einige Minuten lang fest mit Daumen und Zeigefinger. Dadurch zieht sie sich etwas zusammen, sodass sich die Vorhaut wieder über die Eichel schieben lässt; das geht noch leichter, wenn du dabei ein Gleitmittel verwendest.

Andere Unterschiede

Unabhängig davon, ob ein Penis beschnitten wurde oder nicht, können noch viele andere Unterschiede im Aussehen bestehen. Der Penis kann dünn oder dick, kurz oder lang sein, kann gerade nach unten oder nach links oder rechts hängen, und manchmal kann man die Venen auf der Oberfläche erkennen. Auch die Eichel kann breiter oder schmaler sein als der Penisschaft und verschiedene Formen haben, aber all das ist völlig normal. Im erigierten Zustand kann der Penis gerade sein oder sich nach rechts oder links krümmen, er kann sich auch nach oben zum Körper oder nach unten zum Boden hin biegen. Auch der Winkel, in dem er vom Körper absteht, kann unterschiedlich sein (auf diese Unterschiede beim erigierten Penis kommen wir noch ausführlicher in Kapitel 6 ab Seite 121 zurück).

Daneben gibt es noch einige andere Phänomene, nach denen mich die Jungen in meinen Klassen manchmal fragen:

Penispapeln

Einige Männer und Jungen haben winzige rosafarbene Erhebungen, die perlförmig im Kreis um den Eichelkranz verteilt oder auf der Eichel verstreut sind und leicht glänzen. Diese Penispapeln treten häufiger bei jüngeren Männern auf und können später auch wieder verschwinden. Sie sind völlig normal, verursachen keinerlei Beschwerden und müssen auch nicht medizinisch behandelt werden.

Lymphzysten

Manchmal verstopfen die Lymphdrüsen in der Nähe des Eichelkranzes und schwellen an – meist nach einer Verletzung geschehen oder auch nach sexueller Betätigung, oft geschieht es auch ohne offensichtlichen Grund. Dann erscheinen durchsichtige,

Die tägliche Intimpflege

Wichtig ist, die Geschlechtsorgane täglich zu waschen, wobei die Vorhaut ganz oder zumindest so weit zurückgezogen werden sollte, wie es ohne Schwierigkeiten geht (andernfalls brauchst du nur die äußere Vorhaut zu waschen).

Wenn du die Vorhaut dagegen schon vollständig zurückziehen kannst, wasche Eichel, Vorhaut und alles um die Furche herum, die unter dem Eichelkranz liegt. Die Vorhaut produziert nämlich ein natürliches Gleitmittel, das Smegma (Schmiere), durch die die Vorhaut leichter vor- und zurückgleiten kann. Wenn sich dieses Smegma unter der Vorhaut ansammelt, entsteht schnell ein unangenehmer Geruch.

Verwende zum Waschen eine möglichst milde Seife bzw. Lotion, damit die empfindliche Haut der Eichel und der inneren Vorhaut nicht gereizt wird und brennt. Manche Fachleute sagen sogar, dass man gar keine Seife, sondern nur Wasser zum Waschen verwenden sollte.

feste, wurmartige Schwellungen auf dem Penis, die aber innerhalb weniger Wochen von selbst wieder verschwinden und deshalb auch nicht ärztlich behandelt werden müssen.

Der Hodensack

Unterschiede im Aussehen gibt es auch beim Hodensack: Er kann behaart oder unbehaart sein und tiefer oder höher hängen als die Penisspitze; bei erwachsenen Männern hängt die linke Seite meist tiefer als die rechte, und der rechte Hoden ist in der Regel etwas größer als der linke.

Bei allen Jungen und Männern gleich und völlig normal ist auch die Raphe, eine rote oder dunkelfarbige Mittellinie auf dem Hodensack, die auf der Unterseite des Penis beginnt und über den Hodensack bis zum After verläuft. Bei manchen Jungen und Männern ist diese »Naht«, die sich schon im Mutterleib bildet, leichter zu erkennen als bei anderen.

»Leerer« Hodensack?

Bei einem leeren Hodensack »fehlt« ein Hoden (oder beide) im Hodensack, wofür es verschiedene medizinische Ursachen gibt: In seltenen Fällen wird ein Junge mit nur einem Hoden geboren. Eine Verletzung oder eine Krankheit kann einen Hoden so stark schädigen, dass er operativ entfernt werden muss. Doch auch wenn ein Hoden fehlt, der andere aber gesund ist, kann sich der Junge völlig normal entwickeln, und auch sein Sexualleben wird nicht beeinträchtigt sein, denn ein einzelner Hoden kann noch genügend Spermien bilden, um später ein Kind zu zeugen.

Eine weitere Ursache für einen leeren Hodensack können auch stecken gebliebene Hoden (Hodenhochstand) sein: Die Hoden entwickeln sich während der Schwangerschaft im Bauch des Embryos und wandern normalerweise noch vor der Geburt in den Hodensack. Manchmal bleibt jedoch ein Hoden im Körper stecken und wandert dann meist in den ersten sechs bis zwölf Lebensmonaten des Babys in den Hodensack. Falls das nicht geschieht, muss der stecken gebliebene Hoden durch eine Operation in den Hodensack befördert werden, da sonst Krebs entstehen kann.

Früher haben die Ärzte mit einer solchen Operation oft gewartet, bis der Junge etwas älter war, aber heute wissen wir, dass der Hoden sich nicht richtig entwickeln kann, wenn er zu lange im Körper bleibt, sodass die Operation heute meist noch im Baby- oder Kleinkindalter durchgeführt wird.

Vor der Operation wird der Arzt auch abklären, ob der stecken gebliebene Hoden nicht in Wirklichkeit ein Wanderhoden ist. In diesem Fall zieht sich der Hoden (oft auch beide) bei Kälte, einem kalten Bad, Aufregung oder Sport in den oberen Teil des Hodensacks oder sogar bis in den Körper zurück, um dann wieder in seine normale Lage zurückzukehren.

Da diese Störung in der Pubertät oft von selbst verschwindet, ist eine Behandlung in der Regel nicht nötig. Aber der betreffende Junge sollte regelmäßig zur Kontrolle zum Arzt gehen, denn manchmal kommt ein Wanderhoden nicht wieder in den Hodensack zurück oder bleibt die meiste Zeit hochgezogen. In diesem Fall wird ebenfalls eine Operation durchgeführt, damit der Hoden im Hodensack bleibt.

Kapitel 4
Der berühmte Wachstumsschub

Sind dir die Schuhe, die du dir erst vor einem Monat gekauft hast, schon wieder zu klein? Ist deine nagelneue Jeans nach ein paar Wochen schon bis zu den Knöcheln hochgerutscht? Wenn ja, dann hat bei dir vermutlich der Wachstumsschub begonnen, denn die Pubertät ist eine Zeit des superschnellen Wachstums. Dieser Wachstumsschub, der in der Regel einige Jahre dauert, beginnt in verschiedenen Altersstufen und verläuft auch unterschiedlich schnell. Gegen Ende der Pubertät lässt das Tempo dann wieder nach und irgendwann hört das Wachstum ganz auf.

In diesem Kapitel wollen wir über verschiedene Aspekte dieses Wachstumsschubs sprechen, denn er bedeutet nicht nur, dass du jetzt größer wirst, sondern auch, dass manche Körperteile in der Pubertät mehr wachsen als andere. Dadurch verändern sich die Proportionen von Gesicht und Körper, und du siehst jetzt nicht mehr aus wie ein Kind, sondern wirst immer erwachsener.

Während des Wachstumsschubs ist es besonders wichtig, dass du dich richtig ernährst und dich viel bewegst. Leider tun viele Jugendliche weder das eine, noch das andere, was sich später sehr negativ auswirken kann. Deshalb werden wir in diesem Kapitel auch über Ernährung und Bewegung in der Pubertät sprechen.

Was passiert beim Wachstumsschub?

Vor der Pubertät wächst ein Junge durchschnittlich nur etwa fünf Zentimeter pro Jahr, aber mit Beginn des Wachstumsschubs er-

höht sich das Tempo plötzlich ganz rasant, bis es sich fast verdoppelt hat, sodass man in dieser Zeit jährlich um fast zehn Zentimeter größer werden kann. Im Durchschnitt wird jeder Junge
während des gesamten Wachstumsschubs, der meist drei bis vier
Jahre dauert, um 22 bis 23 Zentimeter länger, aber natürlich ist
das nur ein Anhaltspunkt und du wächst noch mehr oder auch
weniger. Die meisten Jungen wachsen bis zum Alter von neunzehn Jahren, manche auch bis zwanzig und darüber, aber die
Phase des extraschnellen Wachstums dauert nur einige Jahre.

Auch Mädchen haben in der Pubertät einen Wachstumsschub,
der in der Regel früher beginnt als bei Jungen und bereits am Anfang der Pubertät erfolgt. Im Durchschnitt beginnt der Wachstumsschub bei Jungen etwa zwei Jahre später als bei Mädchen,
weshalb elf- und zwölfjährige Jungen oft kleiner sind als gleichaltrige Mädchen. Einige Jahre später holen die Jungen die Mädchen dann aber wieder ein und sind dann irgendwann auch größer als sie.

Wie groß werde ich?

Wie groß du einmal sein wirst, lässt sich vorher nicht genau sagen, aber es gibt schon ein paar Anhaltspunkte für deine künftige Körpergröße. Dazu gehört zum einen deine Größe vor dem
Wachstumsschub: Wenn du schon als Kind klein bzw. groß warst,
wirst du wahrscheinlich auch als Erwachsener klein bzw. groß
sein. Aber das ist keine feste Regel, und manche Jungen, die vor
der Pubertät zu den kleinsten in der Klasse gehört haben, können
nach dem Wachstumsschub plötzlich größer sein als alle anderen.

Deine ungefähre Größe kannst du errechnen, wenn du weißt,
wie groß deine Mutter und dein Vater sind: Addiere dafür zuerst
12,5 cm zur Größe deines Vaters, addiere dieses Ergebnis zur

Größe deiner Mutter und teile dieses Ergebnis durch 2. Dann weißt du in etwa deine Größe als erwachsener Mann.

Ein Beispiel: Nehmen wir an, dein Vater ist 175 cm und deine Mutter 167,5 cm groß. Wenn du jetzt 12,5 cm zur Größe deines Vaters addierst, kommst du auf 187,5 cm. Jetzt addierst du die Größe deiner Mutter, also 167,5 cm dazu, und du erhälst 355 cm. Zum Schluss teilst du 355 cm durch 2 = 177,5 cm und schon weißt du deine ungefähre endgültige Größe (bei unserem Beispiel würdest du zwei Zentimeter größer werden als dein Vater).

Zu groß – zu klein?

Der größte Mann, der jemals gelebt hat, war 2,67 Meter groß, der kleinste nur 0,66 Meter, aber beide Größen sind sehr ungewöhnlich, denn neun von zehn Männern erreichen eine Körpergröße von 1,65 bis 1,85 Meter und die heutige Durchschnittsgröße bei erwachsenen Männern beträgt 1,75 Meter.

Wir haben viele Männer gefragt, was sie am liebsten an ihrem Körper verändern würden, und es zeigte sich, dass den meisten die Körpergröße fast ebenso wichtig war wie die Penisgröße. Keiner wollte kleiner, aber fast alle wollten größer sein! Sogar Männer, die ein ganzes Stück größer waren als der Durchschnitt, sagten, dass sie ganz gern noch etwas größer wären.

Dieser Mann, der etwas kleiner ist als der Durchschnitt, erzählte uns Folgendes:

»Ich bin nur 1 Meter 65 groß, und es hat mich immer gestört, dass ich so klein bin, denn die Leute machen sich über mich lustig und nennen mich Knirps oder Kleiner. Im Sport bin ich eigentlich genauso gut wie andere, aber wegen meiner Körpergröße war es immer schwierig, ins Schulteam zu kommen. Deshalb habe ich mir dann Gewichtheben und Ringen als Sportarten ausgesucht. Heute, da ich älter bin, hat sich das Kleinsein irgendwo doch als Vorteil erwiesen, denn dadurch habe ich mich darauf konzentriert, wirklich zu trainieren, um möglichst muskulös zu werden – und das tue ich immer noch. Körperlich bin ich richtig gesund und fit, wohingegen viele andere Männer in meinem Alter heute übergewichtig und schlapp sind. Wenn ich größer wäre, hätte ich vielleicht nicht so viel auf meinen Körper geachtet, aber wenn ich ehrlich bin – ich wäre trotzdem gerne etwas größer.«   *Harald, 34 Jahre*

Aber auch sehr große Männer sind nicht immer mit ihrer Größe zufrieden:

»Ich bin 1 Meter 97 groß, sodass ich immer auf andere runtersehe und ständig blöde Kommentare höre, z. B.: »Wie ist denn das Wetter da oben?« Ich war schon mit vierzehn so groß wie heute und fühlte mich deshalb immer wie ein Mensch von einem anderen Stern. Um etwas kleiner zu wirken, ging ich meist vornüber gebeugt, sodass meine Mutter mir ständig hinterherrief, ich solle mich endlich gerade halten, und deshalb habe ich bis heute auch eine schlechte Haltung. Jetzt, mit vierzig Jahren, ist es zwar nicht mehr ganz so schlimm, aber es gibt immer noch genug unangenehme Situationen, etwa wenn ich mir den Kopf an der Tür anstoße oder wenn ich versuche, mich in ein kleines Auto zu quetschen. Aber damals als Teenager hat es mir wirklich etwas ausgemacht, anders zu sein als die anderen.«   *Frank, 43 Jahre*

Manche Männer haben aber auch eine sehr positive Einstellung zu ihrer Körpergröße, und es macht ihnen nichts aus, kleiner zu sein als der Durchschnitt:

»Ich bin schon als Kind immer klein gewesen und konnte mich deshalb früh darauf einstellen, sodass es für mich nie ein so großes Problem war wie für andere. Ich kenne viele kleine Männer, die immer irgendwie aggressiv sind, sich hervortun oder den Clown spielen müssen, um damit klarzukommen oder damit die Leute sie bemerken. Als ob man sie übersehen würde, nur weil sie klein sind! Aber dieses Bedürfnis hatte ich nie. Ich bin ein ziemlich ruhiger Typ, und weil ich mich in meiner Haut wohl fühle und mich so, wie ich bin, akzeptiere, merken das auch die Leute.

Auch die Mädchen waren immer größer als ich, und mir wurde schon früh klar, dass ich mich nicht nach der Regel richten würde, dass der Junge größer sein muss als das Mädchen – sonst hätte ich nie welche kennen gelernt. Manchmal wurde ich wegen meiner Körpergröße abgewiesen, und es gab einige Mädchen – später auch Frauen –, die mein Kleinsein störte. Die haben dann Schuhe mit flachen Absätzen angezogen, was sie sonst wahrscheinlich nie getan hätten. Aber wenn es dann eine ernsthaftere Beziehung wurde, gab es eigentlich nie ein echtes Problem. Meiner heutigen Frau macht der Größenunterschied übrigens nichts aus – sie ist 12 cm größer als ich und trägt hohe Absätze! Damit brechen wir zwar ein ungeschriebenes Gesetz, denn die Leute drehen sich oft nach uns um, aber das ist deren Problem!«

Richard, 39 Jahre

Wachstumshormone

Es gibt zwar keine Wunderpillen, die dich größer machen, aber den Wissenschaftlern ist es gelungen, Wachstumshormone herzustellen – chemische Stoffe, die der Körper eigentlich selbst herstellt und die für die Steuerung des Wachstums und der Entwicklung zuständig sind. Diese Wachstumshormone werden meist bei der Behandlung von kleinwüchsigen Kindern eingesetzt, deren Körper nicht genügend Wachstumshormone produziert; sie dienen aber auch zur Behandlung anderer Krankheiten, die sich auf die Körpergröße auswirken.

Früher wurden Wachstumshormone nicht selten auch völlig gesunden Kindern verschrieben, die lediglich etwas kleiner waren als der Durchschnitt. Davon ist man inzwischen aber abgekommen, denn Wachstumshormone können das Wachstum eines Kindes zwar ein oder zwei Jahre lang beschleunigen, machen aber deshalb noch keine großen Erwachsenen aus ihnen. Außerdem können die Hormone unangenehme Nebenwirkungen wie Leberschäden hervorrufen. Aus diesem Grund werden Wachstumshormone heute nur noch dann gegeben, wenn ein echter Mangel an natürlichen Hormonen besteht, oder auch bei bestimmten Krankheiten, die das normale Wachstum verhindern.

Unsere Gesellschaft legt sehr viel Wert auf große Männer, und es gibt viele Menschen, die Vorurteile gegenüber kleinen Männern haben. Sie sind zwar nicht so offensichtlich wie etwa die Vorurteile gegenüber Menschen aus anderen Kulturen, aber sie existieren, wie sich anhand wissenschaftlicher Studien gezeigt hat.

Wenn sich zum Beispiel zwei Männer um eine Stelle bewerben, ist es wahrscheinlicher, dass der große Mann sie bekommt – einfach nur deshalb, weil er größer ist als der andere.

Daher ist es auch nicht weiter verwunderlich, dass viele eher kleine Männer gerne größer wären. Doch wenn man schon nicht seine Größe verändern kann, kann man zumindest seine Einstellung dazu verändern: Du musst nicht 1 Meter 80 groß sein, um ein guter Freund zu sein! Und es gibt auch keine bestimmte Größe, die festlegt, ob man lustig, klug oder sportlich ist. Denk auch an die vielen Männer, die kleiner sind als der Durchschnitt und trotzdem berühmt wurden wie beispielsweise die Schauspieler Michael J. Fox, Tom Cruise und Dustin Hoffman oder Fußballspieler wie Lothar Matthäus. Allerdings ist es manchmal nicht ganz so einfach, wie es hier vielleicht klingt. Aber man kann es schaffen, sich so zu akzeptieren, wie man ist – egal wie klein oder groß!

Wachstumsschmerzen und Skoliose

Wachstumsschmerzen, von denen die Ärzte immer noch nicht genau wissen, wodurch sie eigentlich verursacht werden, sind zwar kein ernstes Problem, können aber sehr unangenehm sein. Sie treten meist bei zehn- bis elfjährigen Jungen auf, aber auch jüngere oder etwas ältere Jungen können davon betroffen sein.

Die schubweise auftretenden, meist dumpfen Schmerzen fühlt man in der Regel hinter dem Knie, im Oberschenkel oder entlang des Schienbeins, sie können aber auch in den Armen, im Rücken, in der Lende, in den Schultern oder in den Knöcheln auftreten.

Wachstumsschmerzen erfordern in der Regel keine Behandlung und verschwinden irgendwann ganz von selbst. Bis dahin können Massagen, warme Bäder oder ein Heizkissen helfen. Wenn die Schmerzen dagegen sehr ausgeprägt sind und/oder gar nicht mehr aufhören, solltest du zum Arzt gehen, damit sichergestellt ist, dass der Schmerz keine ernsthafte Ursache hat.

Ein anderes Wachstumsproblem kann eine Skoliose sein, eine anomale Krümmung der Wirbelsäule, die nichts mit schlechter Haltung zu tun hat. Dabei verkrümmt sich die Wirbelsäule nach links oder rechts, sodass eine Hüfte oder eine Schulter höher ist als die andere. Die Krümmung kann aber auch in S-Form verlaufen, sodass ein Schulterblatt vorsteht oder sich der Körper zu einer Seite neigt. Skoliose wird manchmal vererbt, doch in den meisten Fällen kennt man die Ursache dafür nicht.

Bei den meisten Skoliose-Fällen genügt es, wenn die Betroffenen regelmäßig etwas Gymnastik machen. Zwar können diese Übungen die Krümmung nicht beheben, aber zumindest die Schmerzen lindern, die dadurch entstehen, dass der Körper durch die Krümmung aus dem Gleichgewicht gerät. In schweren Fällen kann sogar ein (leichtes) Rückenkorsett erforderlich sein, das aber unter der Kleidung getragen wird, damit man es nicht sieht.

Einer Verkrümmung der Wirbelsäule lässt sich am besten durch eine frühzeitige Behandlung vorbeugen, sodass bereits vor Beginn der Pubertät überprüft werden sollte, ob es Anzeichen für eine Skoliose gibt. Am besten geht man dafür zum Hausarzt oder zu einem Orthopäden, damit er die Wirbelsäule anschaut.

Was wächst zuerst?

Der Wachstumsschub in der Pubertät wird dadurch bewirkt, dass die Knochen im Rumpf und in den Beinen zu wachsen beginnen. Allerdings wachsen manche Knochen früher als andere – zuerst die Knochen in den Füßen, sodass diese ihre endgültige Größe meist schon erreicht haben, wenn der übrige Körper noch im Wachsen begriffen ist. Danach beginnt der Wachstumsschub der Knochen im Unterarm und Unterschenkel, und schließlich folgt der Rumpf.

Warum wiege ich plötzlich mehr?

Während des Wachstumsschubs in der Pubertät wirst du nicht nur größer, sondern auch schwerer, und manche Jungen erleben während der Pubertät die größte Gewichtszunahme ihres Lebens. Das ist zum Teil die Folge des Wachstums von Knochen und inneren Organen, zum Teil trägt aber auch das zusätzliche Muskelgewebe, das sich bei Jungen in der Pubertät bildet, zu dieser Gewichtszunahme bei.

Wie der Wachstumsschub dauert auch der Gewichtsschub etwa drei bis vier Jahre, danach verlangsamt er sich wieder. In dieser Zeit kann ein Mädchen in einem einzigen Jahr bis zu sieben Kilo zunehmen, und während des gesamten Gewichtsschubs beträgt die durchschnittliche Gewichtszunahme 18 bis 20 Kilo. Natürlich entsprechen nicht alle diesem Durchschnitt, und du nimmst vielleicht mehr oder weniger zu als andere, aber die meisten Jungen werden während des Gewichtsschubs 15 bis 25 Kilogramm schwerer.

Veränderte Proportionen

Wenn Wachsen nur etwas mit Größerwerden zu tun hätte, würden alle Erwachsenen wie Riesenbabys aussehen. Aber da manche

Abb. 22:
Erwachsener
Mann und
Riesenbaby

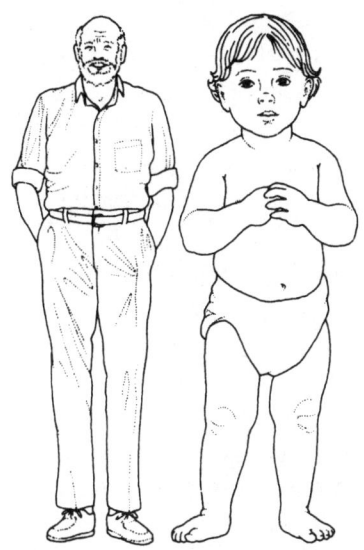

Körperteile stärker wachsen als andere, verändern sich auch die Körperproportionen.

Abbildung 22 zeigt einen erwachsenen Mann und ein Baby in gleicher Größe, damit du leichter erkennen kannst, wie sich die Proportionen verändern. So ist zum Beispiel der Kopf des Babys im Vergleich zum übrigen Körper ziemlich groß – er macht etwa ein Viertel der Körperlänge aus. Beim Mann ist es dagegen nur noch ein Achtel der Körpergröße. Außerdem ist der Kopf des Babys fast so breit wie seine Schultern, was beim Mann ebenfalls ganz anders ist, und seine Beine machen nur einen kleinen Teil seiner Gesamtgröße aus, während die Beinlänge bei einem erwachsenen Mann fast seiner halben Körpergröße entspricht.

Beim Wachstumsschub werden die Beine ein ganzes Stück länger, und da jetzt auch die Schultern breiter sind, erscheinen die Hüften im Vergleich dazu schmaler als vorher. Durch den

Wachstumsschub verändert sich sogar dein Gesicht, denn dann verlängert sich der untere Teil des Gesichts und das Kinn wird etwas kantiger. Außerdem geht der Haaransatz etwas zurück und die Stirn wird breiter, sodass das Gesicht insgesamt etwas länger und schmaler wirkt als in der Kindheit. Weil du dich jeden Tag im Spiegel siehst, sind diese Veränderungen für dich wahrscheinlich nicht so offensichtlich, aber wenn du dir alte Fotos aus der Kindheit anschaust, wirst du die Veränderungen deutlich erkennen können.

Mehr Muskeln – mehr Kraft

In der Pubertät werden Jungen stärker als Mädchen – im Durchschnitt sind sechzehnjährige Jungen zweimal stärker als Zwölfjährige. Dieser Kraftzuwachs wird einerseits durch das Wachstum der Muskeln in der Pubertät verursacht – die Bildung von Muskelgewebe macht einen großen Teil der Gewichtszunahme aus – andererseits aber auch durch das Hormon Testosteron, das mit Beginn der Pubertät in immer größeren Mengen in den Hoden gebildet wird. Dieses Testosteron löst das Wachstum des Penis, die Zunahme der Gesichts-, Scham- und Körperbehaarung und die Veränderungen der Muskelfasern aus, sodass die Muskeln nicht nur größer, sondern auch kräftiger werden. Dieser Kraftschub erfolgt jedoch meist erst später in der Pubertät, und zwar nach der Zeit des schnellsten Wachstums und der raschesten Gewichtszunahme, aber auch über die Pubertät hinaus nimmt die Kraft noch bis etwa zum 21. Lebensjahr zu.

Die drei Körpertypen

Nicht alle Jungen, die gleich viel wiegen, sind auch gleich stark. Einige Jungen sind stark, weil sie viel Sport treiben, andere bekommen trotz Krafttraining nie richtige Muskeln oder sind über-

Künstliche Hormone – nein danke!

Hormone wie Testosteron werden zwar eigentlich im Körper gebildet, können seit den 50er-Jahren aber auch zur Behandlung von Krebs und anderen schweren Krankheiten künstlich hergestellt werden.

Manche Jungen und Männer nehmen diese künstlichen Hormone (Steroide), um mehr Muskeln zu bekommen, was aber vor allem in der Pubertät besonders gefährlich ist, denn diese Steroide können das Körperwachstum hemmen, die Hoden schrumpfen lassen, die Brust vergrößern und bei falscher Einnahme sogar lebensbedrohlich sein. Außerdem können sie Stimmungsschwankungen, Aggressionen und andere psychische Störungen verursachen. Darüber hinaus können Steroide süchtig machen, sodass es schwer werden kann, mit der Einnahme wieder aufzuhören.

Weil diese künstlichen Substanzen die Körperkraft und Ausdauer erhöhen, werden alle Sportler bei größeren Wettkämpfen wie den Olympischen Spielen auf den Gebrauch von Steroiden getestet und disqualifiziert, wenn sich zeigt, dass sie künstliche Hormone genommen haben. Und da diese Steroide so gefährlich sind, solltest auch du sie auf keinen Fall nehmen und stattdessen lieber ein geeignetes Körpertraining machen, bei dem sich die Muskeln auf gesunde Weise aufbauen.

gewichtig. Diese Unterschiede haben etwas mit dem Körpertyp zu tun, der jedem Menschen von Natur aus mitgegeben ist (siehe Abbildung 23):

- *Pygnische Typen (Endomorphe)* haben in der Regel mehr Kör-

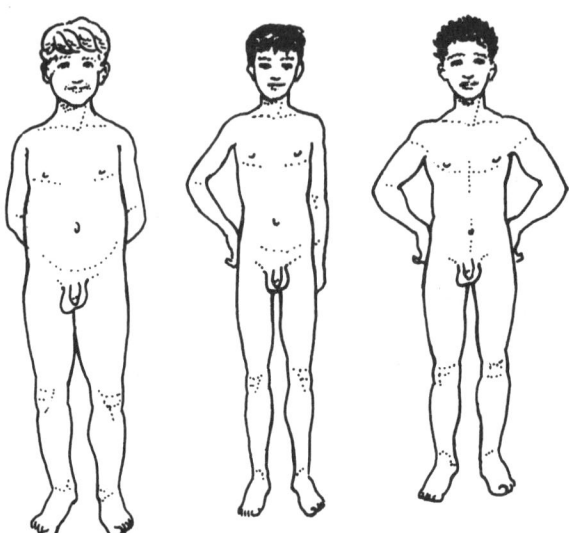

Abb. 23: **Die drei Körpertypen.** *Links:* pygnisch (endomorph); *Mitte:* leptosom (ektomorph); *rechts:* athletisch (mesomorph).

perfett und deshalb einen eher rundlichen Körper mit sanfteren Kurven als Menschen vom leptosomen Typ.

- *Leptosome Typen (Ektomorphe)* sind schlank, haben wenig Kurven und wirken häufig etwas kantig.
- *Athletische Typen (Mesomorphe)* haben mehr Muskeln und breitere Schultern als die anderen beiden Typen, dafür aber schlanke Hüften.

Solltest du zum pygnischen Typ gehören, ist es wichtig zu wissen, dass dein Körper von Natur aus etwas runder ist und selbst bei noch so hartem Training weniger muskulös sein wird als bei Menschen, die zum athletischen Typ gehören. Und auch wenn du dann noch so viel Sport machst, wirst du vermutlich nie genauso aussehen wie sie. Doch bevor du den voreiligen Schluss ziehst, du hättest zu wenig Muskeln, solltest du zuerst deinen Körpertyp berücksichtigen.

Bodybuilding und Krafttraining

Durch Bodybuilding und Krafttraining, bei denen man den Körper an Geräten oder durch das Heben von Gewichten trainiert, lassen sich viele positive Wirkungen erzielen (die meisten Menschen sitzen nämlich viel zu viel!). Solltest du also gerade überlegen, ob du ein solches Krafttraining machen solltest, können wir dich nur dazu ermutigen. Solange du noch in den ersten Pubertätsstadien bist (siehe Seite 53ff.), darfst du allerdings nicht erwarten, dadurch rasch ausgeprägte Muskeln zu bekommen, denn die entwickeln sich erst, wenn der Körper genügend Testosteron produziert.

Wichtig ist auch, dass du das für dich geeignete Krafttraining machst und dabei auch nicht übertreibst, denn andernfalls kann es zu ernsthaften körperlichen Schäden und sogar zu Wachstumsverzögerungen kommen. Das liegt daran, dass während des Wachstumsschubs (siehe Seite 80ff.) die großen Knochen in den Armen und Beinen sehr stark zu wachsen beginnen, wobei das Wachstum an den Knochenenden stattfindet, die deshalb in dieser Zeit weicher und damit leichter verletzbar sind. Bei einem Unfall oder einer Sportverletzung kann dieser weiche Teil dann rascher brechen als sonst, sodass sich das Knochenwachstum danach verzögern oder ungleichmäßig werden kann. So ist ein verletzter Arm oder ein verletztes Bein nach einem schlecht verheilten Bruch nicht selten kürzer als der andere Arm bzw. das andere Bein. Verletzungen können auch an solchen Stellen auftreten, an denen der Muskel mit dem wachsenden Knochenteil verbunden ist. Das ist zwar nicht so schlimm wie ein Knochenbruch, aber auch hier ist oft eine medizinische Behandlung erforderlich.

Bodybuilding und Krafttraining sind also nicht ungefährlich und sollten deshalb immer nur im Rahmen eines sorgfältig überwachten Trainingsprogramms durchgeführt werden. Sprich am besten vorher mit deinem Arzt, welches Training und wie viel am besten für dich geeignet ist, und trainiere dann auch nur mit einem ausgebildeten Trainer.

Richtig essen

Damit dein Körper wachsen kann und stark und gesund bleibt braucht er viele verschiedene Nährstoffe. Zu diesen Nährstoffen gehören neben genügend Eiweiß (Proteine) und Kohlenhydraten sowie etwas Fett auch viele Vitamine und Mineralien. Zu den wichtigsten Mineralstoffen während der Pubertät zählen Kalzium und Zink, die das Wachstum der Knochen unterstützen. Daneben sind aber auch ausreichend Vitamine wie zum Beispiel Vitamin D wichtig, das das Kalzium in die Knochen transportiert, denn während der Pubertät werden deine Knochen größer und stärker. Wenn du dann nicht genügend Mineralien und Vitamine zu dir nimmst, können die Knochen auf Dauer so geschwächt werden, dass sich ihr Wachstum verzögert. Der Aufbau der Knochen ist aber auch für dein späteres Leben wichtig, denn die Knochenmasse, die sich jetzt bildet, muss ein Leben lang reichen.

Allerdings haben Studien gezeigt, dass die meisten Jungen in der Pubertät nur etwa die Hälfte oder sogar noch weniger der täglich benötigten Kalziummenge (mindestens 1300 Milligramm) zu sich nehmen. Besonders wichtig sind deshalb Lebensmittel, die viel Kalzium enthalten, etwa Milch, Sojamilch, Joghurt, Käse und andere Molkereiprodukte, Brokkoli, Grünkohl, grüne Bohnen und Tofu.

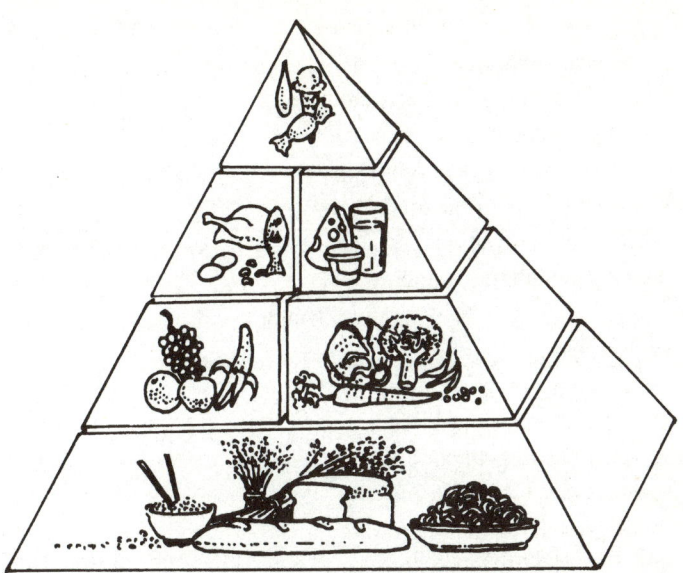

***Abb. 24:* Die Lebensmittelpyramide.** Diese Lebensmittelpyramide, die aus
sechs verschiedenen Lebensmittelgruppen besteht, kann dir helfen, dich gesund zu ernähren. Bei fünf der Lebensmittelgruppen findest du Angaben zu
den Portionen, die man von jeder dieser Gruppen täglich essen sollte, und
wenn du die Lebensmittel innerhalb der einzelnen Gruppen immer wieder
austauschst, bekommst du genügend Vitamine, Mineralien und andere Nährstoffe. Bei den verschiedenen Portionszahlen – zum Beispiel 6 bis 11 Portionen aus der Gruppe »Brot, Frühstücksflocken/Müsli, Reis, Nudeln« – steht
die kleinste Zahl für einen täglichen Kalorienbedarf von 1600 Kalorien, während die größte einen täglichen Kalorienbedarf von 2800 Kalorien berück-
sichtigt. Ein durchschnittlicher Teenager hat einen täglichen Kalorienbedarf
von 2200 bis 2500 Kalorien pro Tag, sodass du eine mittlere bis höhere Por-
tionenzahl wählen solltest.

Die nachfolgende Auflistung zeigt, wie viele Portionen du von jeder der verschiedenen Lebensmittelgruppen täglich essen solltest, damit du dich ausgewogen ernährst.

Wie viel sollte man wovon essen?

* *Brot, Frühstücksflocken/Müsli, Reis, Nudeln* (6–11 Portionen)

  1 Portion = 1 Scheibe Brot

  30 g Müsli

  100 g gekochtes Getreide, Reis oder Nudeln

  ½ Brötchen

  1 Scheibe Knäckebrot

* *Gemüse* (3–5 Portionen)

  1 Portion = 250 g rohes Blattgemüse

  125 g anderes Gemüse, gekocht oder roh (klein geschnitten)

  175 ml Gemüsesaft

* *Obst* (2–4 Portionen)

  1 Portion = 1 Apfel, Banane, Orange, Nektarine, Pfirsich

  125 g zerkleinertes oder gekochtes Obst oder Obst aus der Dose (ohne Zucker)

  175 ml Obstsaft (ohne Zucker)

* *Milch, Jogurt und Käse* (2–3 Portionen)

  1 Portion = 250 ml Milch oder Jogurt

  45 g Käse

  60 g Käsezubereitung

* *Fleisch, Geflügel, Hülsenfrüchte, Eier, Nüsse* (2–3 Portionen)

  1 Portion = 60–90 g mageres Fleisch, Geflügel oder Fisch

  (120 g gekochte Hülsenfrüchte oder 1 Ei entsprechen 30 g magerem Fleisch)

- *Fette und Zucker (Süßigkeiten).* Hier werden keine Portionen angegeben, weil man Zucker und Fett nur sparsam verwenden und fettes Fleisch oder fette Speisen möglichst meiden sollte. Etwas Fett (am besten als kalt gepresstes Öl) benötigt der Körper allerdings, denn es liefert essenzielle Fettsäuren und ermöglicht die Aufnahme von fettlöslichen Vitaminen.

Viel bewegen!

Neben richtiger Ernährung ist auch regelmäßige Bewegung wichtig: Sie kann dir helfen, dein Gewicht zu erreichen oder zu halten, denn Bewegungsmangel ist der Hauptgrund für Übergewicht, sogar noch mehr als übermäßiges Essen, obwohl beide Ursachen meist zusammentreffen.

Aber Bewegung ist weit mehr als nur eine Methode, damit du mehr Muskeln bekommst: Sie stärkt dein Herz, gibt dir mehr Energie, versorgt den Körper mit reichlich Sauerstoff und trägt dazu bei, das über die Nahrung aufgenommene Kalzium in die Knochen einzubauen, was in diesem Lebensabschnitt besonders wichtig ist (siehe Seite 94). Allerdings bedeutet das nicht, dass du ab jetzt täglich stundenlang joggen oder Sport treiben sollst, denn Übertreibungen können sehr schädlich sein (vor allem bei mangelnder oder falscher Ernährung kann zu viel Sport sogar gefährlich werden). Und falls deine Sportart (z. B. Basketball oder Joggen) Schmerzen verursachen sollte, sprich sofort mit deinem Trainer oder deinem Arzt darüber – vielleicht musst du dann nur deinen Trainingsplan ändern.

Tabak, Alkohol und andere Drogen

Alkohol, Rauchen und andere Drogen sind ein heikles Thema und wahrscheinlich hast du schon hundertmal gehört, wie schädlich diese Substanzen sind – nicht nur in der Zeit, in der du noch wächst, sondern auch später. So raubt zum Beispiel Alkohol dem Körper den wichtigen Mineralstoff Zink, der zum Aufbau stabiler Knochen benötigt wird.

Für Jugendliche ist es allerdings oft schwer, dem Druck der Freunde oder Klassenkameraden nicht nachzugeben und auf das Rauchen zu verzichten, weil man sonst out ist, aber auch die Werbung sollte man nicht unterschätzen. Du weißt sicher, dass Tabak süchtig macht, sodass es sehr schwer ist, das Rauchen wieder aufzugeben, wenn man erst einmal damit angefangen hat. Und vielleicht ist dir auch bekannt, dass die meisten Raucher schon als Teenager damit angefangen haben. Aber das ist eigentlich auch kein Wunder, wenn man bedenkt, dass die Tabakkonzerne ihre Werbung vor allem an junge Leute richten, denn die Pubertät ist genau die Zeit, in der sie die beste Chance haben, die Jugendlichen als langfristige Raucher abhängig zu machen und damit gut an ihnen zu verdienen. Andererseits haben Studien gezeigt, dass viele Menschen, die während der Pubertät nicht geraucht haben, später häufig erst gar nicht damit anfangen. (Das Gleiche gilt übrigens auch für Alkohol, und was Drogen anrichten können, ist wahrscheinlich jedem klar.)

Wer bestimmt, was attraktiv ist?

Nach unserem Verständnis ist ein gesunder, vitaler und glücklicher Mensch auch ein schöner Mensch, und es wäre wunderbar, wenn sich jeder im Spiegel anschauen und aus vollem Herzen sagen könnte: »Ich finde mich schön!« Aber wir leben in einer Gesellschaft, in der Wettbewerb zum täglichen Leben gehört – Menschen, Gruppen, Parteien, Wirtschaft und sogar Länder konkurrieren miteinander. Deshalb sind wir auch von Kindheit an gewöhnt, uns ständig zu vergleichen und zu versuchen, besser zu sein als die anderen. Aber wer entscheidet eigentlich, wer oder was das Beste ist?

Die meisten Menschen bilden sich ihre Meinung, wie der »schönste« oder attraktivste Mann auszusehen hat, nach den Bildern, die uns die Medien vorsetzen. Wir sehen diese perfekten Supermänner überall – in Zeitschriften, auf Plakatwänden, im Kino und im Fernsehen – und immer begegnen sie uns auf die gleiche Weise: große muskulöse Typen mit regelmäßigen Gesichtszügen ohne Pickel, schlanker Taille, schmalen Hüften und breitem Brustkorb. Aber wie du wahrscheinlich schon bemerkt haben wirst, gibt es in der Realität nur wenig Menschen, die so perfekt aussehen wie diese Supermänner.

Wir fahren durch die Stadt, sitzen im Bus oder gehen ins Kino, und schon sind sie da – überlebensgroß geben sie uns das Gefühl, dass ihr perfekter Körper gleichbedeutend ist mit einem herrlichen Leben, in dem es überhaupt keine Probleme zu geben scheint und sie jede Frau bekommen können, die sie wollen. Jetzt könnte man mal überlegen, wie viele Bilder dieser perfekten Menschen jedes Kind schon gesehen hat, bis es in die Pubertät kommt. Wenn man all die Fotos in Büchern, Zeitschriften, Filmen und Fernsehshows zusammenzählt, sind es dann Tausende oder eine Million oder vielleicht noch mehr?

Es ist also kein Wunder, dass viele Menschen das Gefühl haben, dass etwas mit ihrer Figur, ihrem Gesicht, ihrer Haut oder ihren Haaren nicht stimmt. Und weil niemand so perfekt ist, sind auch so viele unzufrieden mit ihrem Aussehen. Aber das ist genau das, was diejenigen beabsichtigen, die sehr viel Geld dafür ausgeben, dass diese perfekten Bilder uns ständig und überall erreichen. Sie wollen, dass wir möglichst viel Geld ausgeben, um unser Aussehen zu verbessern. Und das tun wir auch – viele kaufen Haarfärbemittel, Diätprodukte und Trainingsgeräte für einen flachen Bauch und starke Muskeln, und manche gehen sogar zum Schönheitschirurgen und zahlen Unsummen, um eine bessere Figur zu bekommen.

»Ich finde mich okay!«

Kannst du das auch von dir selbst sagen oder bist du oft unzufrieden mit deinem Aussehen? Wenn ja, dann vergiss nicht, dass diese perfekten Körper uns nur deshalb so perfekt vorkommen, weil sie gerade Mode sind. Und was gerade Mode ist, hängt von den jeweiligen Vorstellungen einer Kultur zu einer bestimmten Zeit ab. Das zeigen auch die Zeichnungen in Abbildung 25, auf denen du Männerideale aus anderen Zeiten und anderen Kulturen siehst: Links ein polynesischer König, den die meisten Menschen in unserer Gesellschaft viel zu dick finden würden, aber in seiner Kultur wird er als stattlicher, schöner Mann angesehen und sein dicker Bauch ist dort der Inbegriff für Männlichkeit. Der Mann in der Mitte aus dem 17. Jahrhundert würde heute ebenfalls als übergewichtig gelten, aber in der damaligen Zeit war Dicksein ein Symbol für Erfolg und Wohlstand. Der Dritte ist ein Engländer aus dem 19. Jahrhundert, dessen dünner, schmaler Körper im Vergleich zu den heutigen muskulösen Körpern ziemlich zerbrechlich wirkt, aber damals in England war er genau der Männertyp, den die Frauen besonders attraktiv fanden. Du siehst also – so etwas wie »absolute« Schönheit gibt es gar nicht!

Sich selbst zu mögen und seinen eigenen Körper zu lieben, so wie er ist und unabhängig davon, ob er der Mode entspricht oder nicht, ist deshalb auch ein großer Schritt in Richtung Erwachsenwerden. Und es ist auch ein großer Schritt in Richtung At-

Abb. 25: Wer ist schön? *Von links nach rechts:* ein polynesischer König, ein deutscher Bürgermeister aus dem 17. Jahrhundert und ein Engländer aus dem 19. Jahrhundert.

traktivität, denn wenn du selbst dein Aussehen magst, werden andere es auch mögen. Und dann wird es überhaupt keine Rolle mehr spielen, ob du den besten, den schönsten oder den perfektesten Körper hast, denn das, was du ausstrahlst, wird eine viel größere Wirkung haben.

Kapitel 5
Haare, Pickel und andere Veränderungen

In der Pubertät beginnen plötzlich Haare an Stellen zu wachsen, an denen es früher nie welche gab, und irgendwann steht die erste Rasur an – für viele Jungen ein aufregendes Ereignis! Die Pubertät hat aber auch Einfluss auf die Schweißdrüsen, sodass du jetzt stärker schwitzt und mehr und mehr den Körpergeruch eines erwachsenen Mannes entwickelst. Außerdem werden die Talgdrüsen auf der Kopfhaut aktiviert, das heißt, sie produzieren mehr Talg, sodass dein Haar jetzt schneller fettig wird. Auch die Talgdrüsen in der Haut arbeiten in der Pubertät auf Hochtouren, und wenn sich der zusätzliche Talg festsetzt, entstehen Pickel. Und irgendwann wird sich auch deine Stimme verändern, d. h., du kommst in den Stimmbruch. Wie man mit diesen mehr oder weniger erfreulichen Veränderungen umgehen kann, erfährst du in diesem Kapitel.

Achsel- und Körperhaare
Die Achselhaare beginnen meist irgendwann während der Pubertät zu wachsen, durchschnittlich etwa ein bis zwei Jahre nach dem Wachstum der Schamhaare. Im Verlauf der Pubertät können außerdem Haare auf Armen, Beinen und Brust wachsen, bei manchen Jungen auch auf den Schultern, dem Rücken, dem Gesäß und den Handrücken.

Bei Jungen scheint sich die Stärke der Behaarung oft nach den männlichen Verwandten zu richten, d. h., wenn die Männer in deiner Familie viel bzw. wenig Körperhaar haben, bekommst du wahrscheinlich auch viel bzw. wenig.

Einige Leute glauben, dass Männer mit viel Körperbehaarung besonders männlich sind, aber das ist natürlich Unsinn, denn viel oder wenig Haare haben nicht das Geringste mit Männlichkeit zu tun. Manche Menschen finden viel Körperhaar aus diesem Grund auch besonders attraktiv, während andere Leute glattere Körper lieber mögen, und den meisten ist es sogar egal. Mach dir also keine Sorgen über deine Körperbehaarung – es lohnt sich nicht!

Der erste Bart

Irgendwann in der Pubertät beginnen auch die ersten Barthaare zu wachsen – meist geschieht dies aber erst in Phase 4 der Entwicklung der Geschlechtsorgane (siehe Abbildung 13, Seite 54), im Durchschnitt also zwischen vierzehn und sechzehn Jahren, mitunter aber auch schon früher, und bei manchen wachsen die Barthaare sogar erst im Alter von neunzehn oder zwanzig, was aber ebenfalls völlig normal ist.

Meistens erscheinen die ersten Haare an den äußeren Winkeln der Oberlippe. Zunächst sind es nur wenig Haare, die allmählich dunkler werden, aber dann kommen immer mehr, die von den Mundwinkeln in Richtung Mitte wachsen. Gleichzeitig erscheinen meist auch die ersten Haare auf den Wangen, und schließlich folgen die ersten Haare unter der Unterlippe.

Im Lauf der Entwicklung werden die Barthaare dann dicker und dunkler, wobei Bart und Schnurrbart oft die gleiche Farbe haben wie das Kopfhaar, sie können aber auch eine andere Farbe haben. Bei manchen ist das Bartwachstum schon mit achtzehn Jahren abgeschlossen, bei vielen Männern wächst der Bart aber noch mit zwanzig Jahren und mehr. Und manche Männer, bei denen im Teenageralter nur ein dünner Flaum sichtbar war, können später – mit etwa 30 Jahren – einen dicken, buschigen Bart bekommen.

Die erste Rasur

Viele Männer rasieren sich jeden Tag, manche mit schnell wachsendem Bart sogar zweimal täglich, und wieder andere lassen sich einen Schnurrbart, Backenbart oder Vollbart wachsen. Viele Jungen, mit denen wir gesprochen haben, freuen sich schon auf die erste Rasur, denn sie ist ein weiteres Zeichen für das Erwachsenwerden, und viele hätten auch gerne einen möglichst kräftigen Bartwuchs:

»Heute bin ich viel zu faul, um mich jeden Tag zu rasieren. Aber damals, als ich den ersten Pfirsichflaum bekam, hab ich mich täglich rasiert, denn ich hatte gehört, dass der Bart umso schneller wächst, je mehr man sich rasiert.«
Tim, 36 Jahre

»Früher bin ich abends öfter mit meinem Vetter Albert und seinen Freunden ausgegangen, die alle schon Mitte zwanzig waren, während ich erst neunzehn war. Albert hatte auch schon ein Auto, und für mich war das alles ziemlich aufregend, vor allem, weil die anderen so viel älter waren als ich. Natürlich wollte ich auch so alt aussehen, also habe ich mir einmal den Augenbrauenstift meiner Mutter genommen und mir damit einfach einen Schnurrbart aufgemalt, nur damit ich älter wirkte. An diesem Abend sind wir zum Tanzen gegangen. Hinterher saß ich auf dem Rücksitz von Alberts Auto und habe mit einem Mädchen geschmust, aber da hat ihr mein Schnurrbart das ganze Gesicht verschmiert! Himmel, war das peinlich. Ich habe gedacht, das überlebe ich nicht!«

Karl, 67 Jahre

Der erste eigene Rasierapparat ist für viele Jungen ein richtiges Ereignis. Einige kaufen ihn selbst, andere bekommen ihn geschenkt und manche benutzen einfach zuerst den Rasierapparat ihres Vaters:

»Als ich damals anfing, mich zu rasieren, habe ich zuerst niemandem etwas davon gesagt und mir auch keinen Rasierer gekauft, weil ich wusste, dass meine Familie mich nur damit aufziehen würde. Eigentlich waren ja zuerst auch noch gar nicht so viele Haare zum Rasieren

Sind die nachwachsenden Haare dicker?

Diese Frage wird häufig gestellt und lässt sich ganz einfach beantworten: Rasieren führt nicht dazu, dass die nachwachsenden Haare dicker und dunkler sind, auch wenn es vielleicht so aussehen mag.

Das liegt daran, dass die Haare oben spitz zulaufen und in der Mitte und an der Wurzel etwas dicker sind. Wenn du dich noch nie rasiert hast, siehst du nur die schmalen, zugespitzten Haarenden. Durch die Rasur verschwinden die zugespitzten Enden und du siehst nur noch den dicksten Teil der Haare, denn beim Rasieren werden sie an der dicksten Stelle geschnitten (siehe Abbildung 26).

da, und deshalb habe ich dann einfach den Rasierapparat von meinem Vater genommen.

Meine Schwestern haben dann irgendwann auch damit begonnen, ihre Beine mit Vaters Rasierer zu rasieren.
Dann hat er sich allerdings immer unheimlich aufgeregt,
weil die Klingen stumpf und schartig waren, wenn er
sich rasieren wollte, und er sich deshalb regelmäßig
damit schnitt. Schließlich ist er losgezogen und hat
jedem von uns einen eigenen Rasierapparat gekauft.«

Stefan, 35 Jahre

Welcher Rasierer ist am besten?

Du hast die Wahl zwischen einem mechanischen Rasierer mit
Klinge für die Nassrasur und einem (schnurlosen) Elektrorasierer.
Die Elektrorasierer, bei denen man keinen Rasierschaum
braucht, haben entweder einen Scherkopf oder eine Scherfolie.
Am besten sind Elektrorasierer mit rotierenden oder beweglichen
Scherköpfen, die sich an die Körperrundungen anpassen, sodass
man sich nicht so leicht schneidet. Allerdings sind sie nicht gerade billig, und man kann sich auch nicht so nah an der Haut rasieren wie mit einem Klingenrasierer.

Die meisten Männer entscheiden sich deshalb für einen Nass-
rasierer mit Klinge. Am beliebtesten sind die Einwegrasierer, die

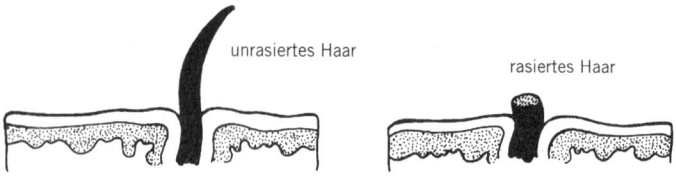

Abb. 26: **Warum sehen rasierte Haare dicker aus?** Vor dem Rasieren läuft das
ungeschnittene Haar spitz zu. Beim Rasieren wird das Haar an der dicksten
Stelle abgeschnitten, sodass es beim Nachwachsen dicker aussieht.

einfach weggeworfen werden, sobald die Klinge stumpf geworden ist. Du kannst aber auch einen Wechsel-Rasierer verwenden, bei dem man nur die Klingen auswechselt.

Außerdem kannst du wählen zwischen Apparaten mit einer, zwei oder drei Klingen. Besonders gründlich sind Rasierer mit Doppel- oder Dreifach-Klinge, dafür schneidest du dich weniger leicht mit einem Rasierer, der nur eine Klinge hat. Außerdem können die Doppel- oder Dreifach-Rasierer eher eingewachsene Haare verursachen als solche mit einfacher Klinge.

So funktioniert der Nassrasierer

Wenn du einen Rasierer mit Klinge verwendest, können die folgenden Tipps hilfreich sein, damit du dich beim Rasieren nicht verletzt und die Haut schön glatt wird:

- Achte darauf, dass die Klinge immer sauber, scharf und glatt ist. Eine stumpfe Klinge zieht auf der Haut und kann einen schmerzhaften Ausschlag verursachen. Wechsle die Klinge deshalb spätestens nach der vierten oder fünften Rasur aus.
- Wenn man den Rasierer fallen lässt, kann die Klinge dabei beschädigt werden, ohne dass man es merkt. Wirf die Klinge in diesem Fall am besten weg und nimm eine neue.
- Weiche die Haare vor dem Rasieren mindestens drei Minuten lang in warmem Wasser ein, denn das macht die Haare weicher und man kann sie leichter schneiden (viele Männer rasieren sich deshalb gleich nach dem Duschen, denn das heiße Wasser und der Dampf machen den Bart schön weich). Da die Barthaare auf dem Kinn und der Oberlippe am härtesten sind, rasiere diese Partien am besten zuletzt, damit das Wasser länger einwirkt.
- Benutze entweder eine Rasiercreme oder ein Rasiergel, aber keine Seife. Cremes und Gels lassen den Rasierer besser über

die Haut gleiten und machen die Haare weicher. Seife lässt die Klingen schneller stumpf werden und die Haare bleiben hart, sodass sie sich schwerer rasieren lassen.

- Drück den Rasierer nicht zu fest auf die Haut, sondern gleite nur ganz leicht und langsam über die Haut, ohne dabei zu oft über dieselbe Stelle zu fahren. Spüle den Rasierer zwischendurch immer wieder ab, damit sich keine Haare in der Klinge verfangen.

- Wenn du entgegen der Richtung des Haarwachstums rasierst, wird die Haut besonders glatt. Wenn du dagegen in Richtung des Haarwachstums rasierst, ist die Rasur besonders sanft. Falls du zu eingewachsenen Haaren neigst, solltest du dich nicht von unten nach oben, also entgegen der Richtung des Haarwachstums rasieren.

- Spül die Haut nach der Rasur mit kaltem Wasser ab, denn dadurch schließen sich die Poren und die Haut beruhigt sich schneller. Tupfe sie anschließend vorsichtig trocken (nicht rubbeln!) und trage eine Aftershave-Lotion auf. Sei aber vorsichtig mit Lotionen, die Alkohol enthalten, denn sie können die Haut reizen.

- Verleih deinen Rasierer nicht an andere und leih dir auch keinen Rasierapparat von deinen Freunden aus, damit mögliche Hautinfektionen nicht gegenseitig übertragen werden können.

So funktioniert der Elektrorasierer

Wenn du einen Elektrorasierer verwenden willst, solltest du Folgendes beachten:

- Rasiere dich nur, wenn dein Gesicht trocken ist.
- Rasiere dich sanft, d. h., drücke den Rasierapparat nicht ins Gesicht, da ein starker Druck keine bessere Rasur bewirkt. Bewege einen Apparat mit rotierenden Scherköpfen kreisför-

mig, einen Rasierer mit Scherfolie dagegen von oben nach unten.

- Bei einem Rasierer mit rotierenden Scherköpfen ist es sinn-voll, die Scherköpfe alle ein bis zwei Monate auszubürsten. Bei einem Rasierer mit Scherfolie solltest du die Folie dage-gen nach jeder Rasur entfernen und die Haare herausschüt-teln.

Schweiß und Körpergeruch

Was passiert, wenn du zehnmal nacheinander die Treppe rauf- und runtergelaufen bist oder wenn du an einem richtig heißen Sommertag unterwegs warst? Klar – du schwitzt! Denn bei hohen Temperaturen oder beim Sport, aber auch bei Stress, Angst oder anderen starken Emotionen produzieren Millionen von Schweiß-drüsen, die sich überall im Körper befinden, eine Flüssigkeit, die wir als Schweiß bezeichnen. Er schützt den Organismus vor Überhitzung und besteht zu 99 Prozent aus Wasser, das geringe Mengen Salz enthält. Dieses Wasser verdunstet sehr rasch und hält den Körper kühl, während das Salz dafür sorgt, dass dem Körper mehr Wasser entzogen wird als gewöhnlich.

Mit Beginn der Pubertät werden die Schweißdrüsen zu ver-mehrter Produktion angeregt und die Schweißdrüsen in den Ach-selhöhlen und im Genitalbereich aktiviert. Das hat zur Folge, dass du jetzt häufiger und auch an mehr Stellen schwitzt als vor-her – meist auf der Stirn, in den Achselhöhlen, auf der Oberlip-pe, am Hals und auf der Brust, aber auch auf den Handflächen und den Fußsohlen.

Durch die vermehrte Schweißbildung verändert sich auch der Körpergeruch. Zwar verursacht Schweiß allein noch keinen Ge-ruch, denn er ist fast geruchsfrei, aber die Bakterien auf der Haut zersetzen den Schweiß rasch, und es kommt zu Körpergeruch.

Diese Bakterien bevorzugen vor allem den Genitalbereich und die Achselhöhlen, denn hier herrschen genau die warmen, feuchten Bedingungen, die sie für ihre Vermehrung brauchen, und wenn sie dafür genug Zeit haben, kann der Schweiß bald richtig unangenehm riechen.

Was tun gegen Körpergeruch?

Die vermehrte Schweißbildung und der veränderte Körpergeruch in der Pubertät sind ganz natürlich und gehören zum Erwachsenwerden. Aber vielen Jugendlichen ist das so unangenehm, dass sie sich jetzt alle möglichen Deos kaufen, was eigentlich auch gar nicht weiter verwundert, denn schließlich gibt die Kosmetikindustrie Millionen für die Werbung aus, damit wir uns um Körpergeruch und trockene Achselhöhlen Gedanken machen. Aber lass dich von dieser Strategie nicht beeindrucken, sondern geh weiter entspannt mit deinem Körper um: Schwitzen ist gesund, denn es verhindert nicht nur eine Überhitzung des Körpers, sondern über den Schweiß werden auch Abfallprodukte entsorgt. Trotzdem muss niemand schlecht riechen, wenn man viel schwitzt, und dafür gibt es ein paar ganz einfache Tipps:

- Bade und dusche regelmäßig, denn tägliches Waschen entfernt die Bakterien, die den Geruch verursachen. Besonders wichtig ist das Waschen unter den Armen und im Genitalbereich.
- Verwende eine antibakterielle Seife für die Achselhöhlen. Untersuchungen haben gezeigt, dass diese Seifen das Bakterienwachstum um bis zu 16 Stunden verzögern.
- Wechsle häufig deine Kleidung, denn die Bakterien, die den Geruch verursachen, können auch in der Kleidung hängen bleiben.
- Trage möglichst Kleidung und Unterwäsche aus Baumwolle

oder anderen natürlichen Materialien. Sie saugen den Schweiß besser auf als synthetisches Material und sind außerdem luftdurchlässig, sodass der Schweiß sich nicht staut und deine Haut trocken bleibt.

Wenn dich der Geruch unter den Achseln stört oder wenn du sehr viel schwitzt, kannst du natürlich auch ein Deodorant verwenden. Deos überdecken den Körpergeruch meist mit ihren Duftstoffen, solche mit einem Antitranspirant reduzieren außerdem die Bakterien, die den Geruch verursachen. Deos sind in Form von Sprays, Sticks, Gels, Lotionen oder Rollstiften erhältlich. Manche Deos sind geruchsfrei, viele enthalten dagegen Duftstoffe.

Mitesser, Pickel und Akne

Eines der häufigsten Probleme während der Pubertät sind die leidigen Pickel und Mitesser, denn jetzt werden die Talgdrüsen in der Haut oft so aktiv, dass der überschüssige Talg, den sie produzieren, die Poren verstopft und Mitesser und Pickel entstehen, was man medizinisch als Akne bezeichnet. Diese Talgdrüsen befinden sich zwar überall im Körper, die meisten sind jedoch im Gesicht, am Hals, auf der Brust und am Rücken, und deshalb bekommt man meist auch an genau diesen Stellen Akne.

Auf Abbildung 27 weiter unten kannst du ein Haarfollikel und eine Talgdrüse sehen. Jedes Körperhaar hat ein solches Follikel, das unter der Hautoberfläche liegt und an dessen unterem Teil sich eine Talgdrüse befindet. Sie produziert ein Öl, das Talg (Sebum) heißt. Dieser Talg fließt aus der Drüse den Haarschaft entlang und aus den Poren – kleine Öffnungen in der Haut – an die Oberfläche, um die abgestorbenen Hautzellen aus dem Haarfollikel nach außen zu transportieren.

Während der Pubertät produzieren die Talgdrüsen also mehr

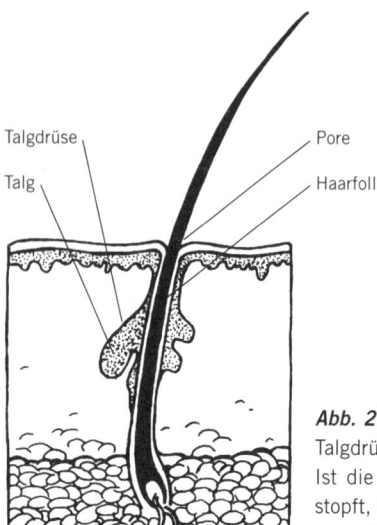

Talgdrüse

Talg

Pore

Haarfollikel

Abb. 27: **Haarfollikel und Talgdrüse.** Die Talgdrüse am Haarfollikel produziert Talg. Ist die Pore des Haarfollikels nicht verstopft, kann der Talg an die Hautoberfläche gelangen.

Talg, und es werden auch mehr Hautzellen von den Wänden des Haarfollikels abgestoßen, außerdem kleben die abgestorbenen Hautzellen jetzt stärker zusammen als vorher. Diese klebrigen Zellen können verklumpen und einen Pfropfen bilden, der die Poren verstopft. Trotzdem produziert die Talgdrüse natürlich weiterhin Talg, der aber nun wegen des verstopften Kanals im Haarfollikel stecken bleibt. Also sammelt er sich hinter dem Pfropfen und lässt das Haarfollikel anschwellen, sodass man ihn als weiße Erhebung knapp über der Hautoberfläche sehen kann. Diese Erhebung nennt man geschlossene Mitesser.

Manchmal wird der Pfropfen auch durch den Druck des festgehaltenen Talgs an die Hautoberfläche gedrückt. In diesem Fall entsteht ein offener Mitesser mit schwarzem Kopf, was aber kein Schmutz ist, sondern durch eine chemische Reaktion auf der Hautoberfläche entsteht.

Solche offenen oder geschlossenen Mitesser sind milde Akneformen, während Pickel schon ein größeres Problem sein können. Sie entstehen durch Bakterien auf der Hautoberfläche, die eigentlich ganz harmlos sind. Wenn sie jedoch in den Talg geraten, der hinter einer blockierten Pore festgehalten wird, beginnen sie sich zu vermehren. Das wiederum führt zu Rötungen und Schwellungen, die wir Pickel nennen (siehe Abbildung 28).

Manchmal platzen die Wände in einem von diesen Bakterien infizierten Haarfollikel auch auf. Dann breitet sich die Infektion unter der Haut aus, und es entstehen große schmerzhafte rote Knoten – die schwerste Form von Akne.

Was tun gegen Akne?

Offene und geschlossene Mitesser oder Pickel sind sicher nicht sehr attraktiv, doch noch schlimmer ist schwere Akne, die zu dauerhaften Narben führen kann. Aber die gute Nachricht ist, dass Akne behandelt werden kann und es eine ganze Reihe von Maßnahmen gibt, die du selbst treffen kannst. Was am besten hilft, hängt vom jeweiligen Hauttyp und von der Schwere der Akne ab.

Manche Menschen glauben, dass Akne durch mangelnde Körperhygiene verursacht wird und sich das Problem lösen lässt, in-

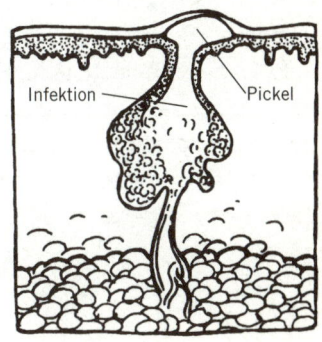

Abb. 28: **Pickel.** Wenn die Pore und der obere Teil des Haarfollikels blockiert sind, kann der Talg nicht aus der Pore abfließen. Kommen dann noch Bakterien dazu, kann dies zu einer Infektion mit Schwellung und Rötung führen – zu einem Pickel.

Infektion — Pickel

Pickel durch Pommes?

Man hat lange geglaubt, dass bestimmte Nahrungsmittel Akne verursachen – Süßes wie Schokolade und fette Speisen wie Pommes frites galten dabei immer als die Hauptverdächtigen. Aber die Ärzte konnten bis jetzt noch keine Verbindung zwischen einer bestimmten Ernährung und Akne feststellen. Trotzdem solltest du, wenn du glaubst, dass bestimmte Nahrungsmittel bei dir zu Pickel führen, diese Dinge möglichst meiden. Und es ist ja sowieso gesünder, wenn man weniger Fettes, Frittiertes und Süßes isst.

dem man sich öfter wäscht. Aber das stimmt nicht, denn sogar häufiges Waschen kann Akne weder verhindern noch heilen. Doch es gibt wirksame Methoden, damit Mitesser und Pickel sich möglichst wenig ausbreiten können:

- Akne auf der Stirn kann dadurch entstehen, dass der Talg aus dem Kopfhaar die Stirnhaut reizt. In diesem Fall hilft es, wenn du die Haare öfter wäschst und möglichst eine Frisur trägst, bei der die Haare nicht in die Stirn fallen.
- Wenn du Akne hast, solltest du keine ölhaltigen oder parfümierten Pflegemittel benutzen. Am besten sind parfümfreie Präparate mit neutralem pH-Wert.
- Vielleicht hat man dir schon gesagt, dass du Pickel nicht ausdrücken sollst, und das stimmt. Denn dadurch kann sich die Infektion noch tiefer in der Haut ausbreiten und bleibende Narben zurücklassen.

Geeignete Aknemittel

In der Apotheke gibt es viele Mittel gegen Akne, doch ehe du ein solches Präparat anwendest, solltest du zuerst genau über seine Wirkung Bescheid wissen:

- *Benzoylperoxid:* In vielen Akne-Mitteln ist Benzoylperoxid enthalten, denn es tötet die Bakterien ab, die Pickel und Akne verursachen, und hilft die Verstopfung in den Haarfollikeln aufzulösen. Ehe du diesen Wirkstoff anwendest, solltest du ihn zuerst an einem kleinen Hautbereich testen, ob du darauf eventuell allergisch reagierst. Außerdem solltest du den betroffenen Bereich anfangs nur jeden zweiten Tag behandeln und erst nach einigen Wochen täglich anwenden. Produkte mit Benzoylperoxid sollten nicht auf die Kleidung gelangen, denn als starkes Bleichmittel kann es dauerhafte Flecken verursachen.

- *Salizylsäure:* Salizylsäure ist ein weiterer chemischer Wirkstoff zur Behandlung von Akne, denn es hilft bei offenen und geschlossenen Mitessern und verhindert ihre Entstehung. Salizylsäure kann zusammen mit anderen Mitteln angewendet werden.

- *Schmirgelseife:* Schmirgelseife und tiefenreinigende Mittel eignen sich nicht, wenn du viele Pickel oder schwere Akne hast, denn sie können diese noch verschlimmern.

Tipp: Viele Mittel zur Behandlung von Akne können die Haut reizen, deshalb solltest du die Gebrauchsanweisung immer sehr sorgfältig lesen und genau befolgen. Wichtig ist außerdem viel Geduld, denn eine (dauerhafte) Besserung tritt meist erst nach etwa sechs bis acht Wochen ein.

Medizinische Behandlung

Auch wenn manche Leute meinen, dass Akne irgendwann von selbst wieder aufhört, kann bei schwerer Akne eine medizinische Behandlung erforderlich sein, damit es nicht zu dauerhaften Hautschäden kommt. Die folgenden Hinweise können dir helfen zu entscheiden, ob ein Arztbesuch nötig ist:

- Du benutzt seit zwei oder mehr Monaten ein Akne-Präparat, das aber kaum oder gar nicht geholfen hat.
- Deine Akne ist so schlimm, dass du sehr darunter leidest.
- Du hast große, rot entzündete, schmerzhafte Aknepusteln.
- In deiner Familie gab und/oder gibt es schwere Akne.
- Du bist neun oder zehn Jahre alt und hast bereits Akne.

Wenn eine dieser Aussagen auf dich zutrifft, ist es ratsam, zum Arzt oder Hautarzt zu gehen. Er kann dir ein geeignetes Medikament verschreiben, das du nach Anweisung anwenden solltest. Vergiss aber nicht, ihm die Präparate zu nennen, die du vielleicht schon angewendet hast oder immer noch anwendest, denn manche Medikamente vertragen sich vielleicht nicht miteinander. Und auch bei einer medizinischen Behandlung brauchst du viel Geduld. Manchmal dauert es einige Monate, bis deine Akne sich bessert.

Wenn sich die Stimme verändert

Eine weitere große Neuerung in der Pubertät ist das Tieferwerden der Stimme. Das geschieht dadurch, dass die Stimmbänder jetzt dicker und länger werden, wodurch sich die Tonlage der Stimme verändert. Aber auch der Kehlkopf, der die Stimmbänder enthält, wird größer, was sich bei vielen Jungen an ihrem ausgeprägteren Adamsapfel erkennen lässt.

Die Stimme verändert sich meist im Alter von 14 bis 15 Jahren, es kann aber auch früher oder später geschehen, und bei manchen Jungen vollzieht sich der Stimmbruch fast unbemerkt:

»Zuerst habe ich selbst gar nicht gemerkt, dass sich meine Stimme verändert hatte. Eigentlich ist es mir erst dann aufgefallen, als die Leute nicht mehr dachten, ich wäre meine Mutter oder meine Schwester, wenn ich am Telefon war.«   *Willi, 19 Jahre*

Bei anderen Jungen geschieht die Veränderung der Stimme dagegen viel plötzlicher und ist viel auffälliger:

»Mein Hals fühlte sich etwa einen Monat lang leicht kratzig an und ich dachte schon, ich hätte eine Halsentzündung oder so, weil ich mich immer angehört habe wie ein Frosch. Außerdem musste ich ständig hüsteln, weil sich meine Stimme belegt anfühlte. Danach habe ich dann gemerkt, dass meine Stimme plötzlich tiefer war als vorher.«   *Alex, 17 Jahre*

Beim Wachstum des Kehlkopfs kann die Stimme aber auch »brechen«, d. h., man spricht zunächst in normaler Stimmlage, und plötzlich wird die Stimme hoch und piepsig, was natürlich vielen Jungen äußerst unangenehm ist:

»Einmal, als ich gerade endlich meinen ganzen Mut zusammengenommen hatte, um ein Mädchen anzurufen, ist mir am Telefon was Schreckliches passiert. Ich sagte: ›Hallo, Susi, ich bin's – Jan‹, und meine Stimme war völlig normal. Aber als ich sie dann fragte: ›Hast du Lust, mit mir ins Kino zu gehen?‹, wurde meine Stimme auf einmal mitten im Satz ganz hoch und piepsig, und ich klang wie Micky Maus.«　　　　　　*Jan, 39 Jahre*

»Es war wirklich furchtbar! Ich habe dauernd versucht, meine Stimme in den Griff zu kriegen und möglichst nie aufgeregt zu sprechen, denn immer wenn ich nervös war, ist es prompt passiert. Also hab ich versucht, ganz cool zu bleiben, aber ich konnte die Stimme in dieser Zeit einfach nicht kontrollieren. Schließlich, nach einem oder vielleicht auch zwei Jahren, hörte diese Piepsstimme dann endlich wieder auf.«　　*Paul, 28 Jahre*

Hilfe – ich krieg einen Busen!

Manchmal bekommen wir Hilferufe wie diese, denn kaum einer weiß, dass sich auch bei Jungen die Brust verändert – zwar nicht so stark wie bei Mädchen, aber sie verändert sich und das ist völlig normal.

In der Pubertät wird der Warzenhof – der dunkle Ring um die Brustwarze – breiter und dunkler und die Brustwarze vergrößert sich (siehe Abbildung 29). Bei mehr als der Hälfte aller Jungen schwellen in dieser Zeit vorübergehend sogar eine oder auch beide Brüste an, wobei die Schwellung bei manchen Jungen deutlicher erkennbar ist als bei anderen – mitunter ist sie sogar so stark, dass der Betreffende glaubt, einen Busen zu bekommen und ein Mädchen zu werden. Ein Mann erzählte uns, wie er sich dabei gefühlt hat:

»Mir kam es so vor, als ob mir plötzlich ein Busen wachsen würde, denn irgendwann in der Pubertät waren meine Brüste noch größer als die mancher Mädchen, sodass ich schon ständig damit aufgezogen wurde. Ich hatte

Abb. 29:
Warzenhof und
Brustwarze

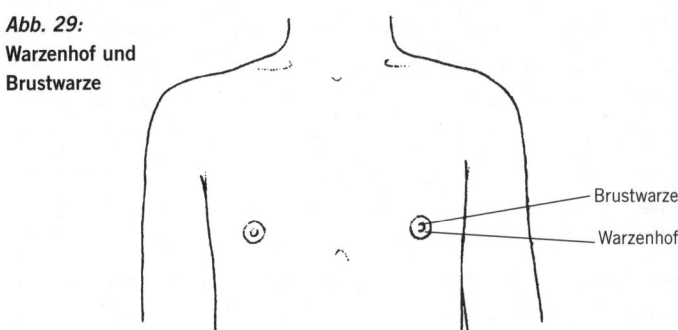

Brustwarze

Warzenhof

wirklich Angst, dass ich ein Mädchen werden würde, und
dachte schon, dass mir vielleicht irgendwann der Penis
abfällt und dass ich einen BH tragen müsste. Ich hatte alle möglichen verrückten Geschichten über Jungen
gehört, die eigentlich Frauen waren und einen Busen und
einen Penis hatten. Aber ich kannte niemanden, den ich
fragen konnte. Als ich vierzehn war, verschwand der Busen dann wieder und die Brust sah wieder normal aus.
Ich wollte, ich hätte damals gewusst, dass das wieder
vorbeigehen würde, denn dann hätte ich nicht so große
Angst gehabt.«   *Tom, 40 Jahre*

Manchmal bewirkt die Schwellung auch, dass die Brust sehr
empfindlich wird und dass man unter den Brustwarzen Erhebungen in Form eines flachen Knopfes fühlen kann. Wenn man dann
nicht weiß, dass diese Veränderungen ganz normal sind, kann
das schon sehr beängstigend sein, wie etwa bei diesem Mann:

»Ich hatte damals so merkwürdige Knubbel unter meinen
Brustwarzen und dachte schon, ich hätte Krebs oder eine andere schlimme Krankheit!«   *Harry, 34 Jahre*

Obwohl diese Schwellungen und Knubbel sehr unangenehm sein oder sogar schmerzen können, musst du dir deshalb aber keine Sorgen machen, denn sie sind nur eine Reaktion auf die neuen Hormone, die dein Körper jetzt bildet, und kein Anzeichen von Krebs oder einer anderen Erkrankung – übrigens bekommen Männer sehr selten Brustkrebs und heranwachsende Jungen nie! Mit der Zeit werden die Brustveränderungen dann von selbst wieder verschwinden, was einige Monate oder sogar bis zu anderthalb Jahre dauern kann. Nur in sehr seltenen Fällen geht die Schwellung nicht zurück oder sie wird so groß, dass der Betreffende ärztlich behandelt werden muss.

Die positiven Seiten der Pubertät

Nach diesem Kapitel könnte man meinen, dass es bei der Pubertät nur um Schweiß und Pickel geht. Aber das stimmt natürlich nicht! Deshalb sollten wir uns jetzt auch ruhig mal daran erinnern, dass es auch viele positive Seiten gibt, die zur Pubertät gehören. Was fällt dir zu dieser Liste noch ein?

- Abends länger ausgehen dürfen
- Selbstständiger sein können
- Eine männliche Figur bekommen
- Ernst genommen werden
- Mehr Taschengeld bekommen
- Eigene Entscheidungen treffen können
- Keine Zahnspangen mehr tragen müssen
- Mit einem Mädchen weggehen können
- Auf Partys gehen können
- Eigenes Geld verdienen dürfen
- Neue Freunde gewinnen

Kapitel 6
Erektion und Samenerguss

Männer haben ihr ganzes Leben lang Erektionen – vom Babyalter bis ins hohe Alter – ja sogar schon winzige Babys im Mutterleib können eine Erektion haben. In der Pubertät werden die Erektionen dann immer häufiger und jetzt beginnen auch die Hoden mit der Bildung reifer Samenzellen, sodass Jungen in dieser Zeit meist zum ersten Mal einen Samenerguss haben (wenn du dir Kapitel 1 ins Gedächtnis zurückrufst: ein Samenerguss ist der Erguss von Samenflüssigkeit aus der Öffnung an der Spitze des Penis). In diesem Kapitel erfährst du, was in deinem Körper bei einer Erektion vor sich geht und welche Unterschiede es dabei gibt, wie der Körper Samenzellen herstellt, speichert und freisetzt, und du erfährst, was bei einem Samenerguss geschieht, damit du weißt, was auf dich zukommt.

Wodurch entsteht eine Erektion?
Das männliche Glied reagiert auf Stimulierung (Reiz), indem es sich versteift und aufrichtet. Ein solcher Reiz muss jedoch nicht körperlicher Art sein, sondern manchmal genügt es schon, an Sex zu denken, um eine Erektion hervorzurufen. Vor allem in der Pubertät sind Erektionen allerdings nicht immer sexueller Natur, d. h., der Penis kann sich versteifen, ohne dass du auch nur entfernt an Sexualität denkst oder dich sexuell betätigst.

Nicht sexuell bedingt ist auch das Aufwachen am Morgen mit erigiertem Penis. Dieses Steifwerden des Glieds im Schlaf ge-

Der Briefmarken-Test

Ein einfaches Experiment genügt, um zu beweisen, dass auch du nachts im Schlaf Erektionen hast. Alles, was du dafür brauchst, ist ein Streifen mit mehreren ganz normalen Briefmarken (nimm aber nicht die zum Abziehen!), die du an den gelöcherten Stellen ein- bis zweimal vor und zurückbiegst, um die Stellen brüchig zu machen, ohne sie dabei aber abzureißen. Dann formst du den Streifen zu einem Ring, der um den breitesten Teil des Penisschafts passt, und legst ihn vor dem Schlafengehen so um den Schaft, dass die letzte Briefmarke die erste ganz oder teilweise überlappt. Nun befeuchte die Rückseite der letzten Briefmarke, klebe sie auf die erste und geh schlafen! Wenn du aufwachst, schau nach: Wenn der Briefmarkenring an den gelöcherten Stellen gerissen ist, hattest du im Schlaf eine Erektion!

schieht das ganze Leben lang – von der Embryonalzeit bis ins hohe Alter –, tritt aber in der Pubertät am häufigsten und längsten auf: Jungen in der Pubertät haben pro Nacht im Durchschnitt sechs oder sieben Erektionen, wobei jede Erektion zehn bis dreißig Minuten dauert. Das liegt daran, dass in der Pubertät viele neue Hormone gebildet werden, sodass der Penis jetzt besonders sensibel und infolgedessen oft steif wird, ohne dass er berührt wird oder du an Sex denkst. (In Kapitel 7 werden wir noch mehr über die Erektionen in der Pubertät sprechen und wie du damit umgehen kannst.)

Was passiert bei einer Erektion?

Bei einer Erektion kann das Glied so hart werden, als ob da drinnen ein Knochen wäre, obwohl es dort gar keinen gibt. Das liegt daran, dass sich im Innern des Penis reichlich schwammartiges Gewebe befindet, der so genannte Schwellkörper (siehe Abbildung 30), ein schwammartiges Netzwerk aus winzigen Kammern. Normalerweise sind diese Kammern leer und in sich zusammengefallen wie ein nicht aufgeblasener Schlauch, aber bei einer Erektion erweitern sich die Gefäße, die Blut in den Penis transportieren. Dadurch strömt mehr Blut in den Penis und die Kammern beginnen sich zu füllen, wodurch das schwammartige Gewebe immer mehr anschwillt und gegen die Blutgefäße im Glied drückt. Auf diese Weise verlangsamt sich der Blutfluss durch die Venen, die aus dem Glied herausführen.

Dadurch dass mehr Blut hineinströmt und weniger herausfließt, kommt es schnell zu einer maximalen Füllung der winzigen Kammern, sodass das Glied hart wird, sich aufrichtet und vom Körper absteht.

Funktioniert alles normal?

Von unseren männlichen Lesern bekommen wir zahlreiche Briefe mit allen möglichen Fragen zur Erektion, wobei die Frage nach der Penisgröße am häufigsten ist (siehe Seiten 62 bis 68). Manche fragen aber auch, ob es normal ist, dass sich ein erigiertes Glied nach links oder rechts biegt, gerade nach oben oder nach vorne gerichtet ist oder einen Winkel nach unten bildet. Andere wollen wissen, ob ihre Erektionen zu oft oder zu selten, zu schnell oder zu langsam erfolgen. Deshalb haben wir einmal zusammengestellt, welche Unterschiede es bei einem erigierten Glied geben kann:

- *Tempo:* Eine Erektion kann sehr schnell entstehen, d. h., der Penis kann sich innerhalb weniger Sekunden von weich und

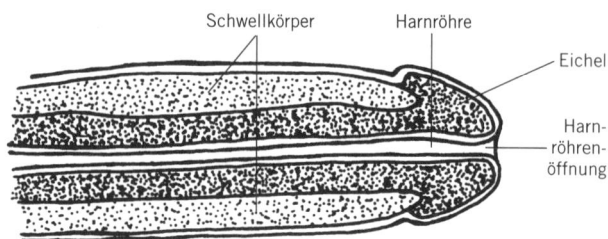

Abb. 30: **Der Penis von innen.** Das Innere des Penis besteht zum größten Teil aus dem Schwellkörper.

schlaff zu ganz steif und aufgerichtet verändern. Eine Erektion kann aber auch langsamer verlaufen und hängt davon ab, wie müde du bist, wann du zuletzt einen Samenerguss hattest, wie deine Stimmung ist und ob du Drogen oder Alkohol zu dir genommen hast. Auch das Alter hat einen großen Einfluss, d. h., im Allgemeinen verläuft die Erektion immer langsamer, je älter man wird. Aber kommt es wirklich auf die Schnelligkeit an?

- *Härte:* Bei der Erektion geht es nicht um alles oder nichts, d. h., es gibt viele Striche auf der Skala zwischen sehr steif und sehr weich, wobei die Härte des Glieds von vielen Faktoren beeinflusst wird, und auch hier spielt vor allem das Alter eine Rolle.

- *Dauer:* Bei ausreichend sexueller Stimulation kann eine Erektion bei jungen Männern über Stunden aufrechterhalten werden, wobei die Erektion unterschiedliche Zyklen von hart über halbweich zu wieder hart durchläuft. Die Fähigkeit, eine Erektion über Stunden zu halten, nimmt jedoch mit zunehmendem Alter ab.

- *Krümmung:* Von oben gesehen ist das erigierte Glied meistens gerade, aber es kommt auch oft vor, dass es etwas nach links oder rechts gebogen ist, wobei die Krümmung meist nach links verläuft. Von der Seite gesehen sind die meisten erigierten Glieder gerade, es gibt aber auch viele Männer mit einer leichten Krümmung, die gewöhnlich nach oben zum Körper hin verläuft. Nur bei einem kleinen Prozentsatz biegt sich der aufgerichtete Penis nach unten, d. h. vom Körper weg zum Boden hin. Krümmungen sind also ganz normal und ziemlich häufig. Wenn du aber eine besonders starke Krümmung hast, oder wenn die Krümmung Schmerzen verursacht, sprich am besten mit einem Arzt darüber.

- *Winkel:* Bei einer vollständigen Erektion steht das Glied in einem bestimmten Winkel vom Körper ab, was bei einer teilweisen Erektion natürlich nicht der Fall ist. Wie auf Abbildung 31 zu sehen, gibt es bei unterschiedlichen Männern mit vollständig erigiertem Penis unterschiedliche Winkel: Manche Männer haben richtig horizontale Erektionen, bei denen der Penis im 90°-Winkel gerade nach vorne steht, bei anderen ist der Winkel etwas kleiner und bei wieder anderen verläuft die Erektion nahezu vertikal. Aber das ist alles ganz normal.

- *Aussehen:* Bei einer vollständigen Erektion ist das Glied länger und breiter als im weichen Zustand und die Eichel bzw.

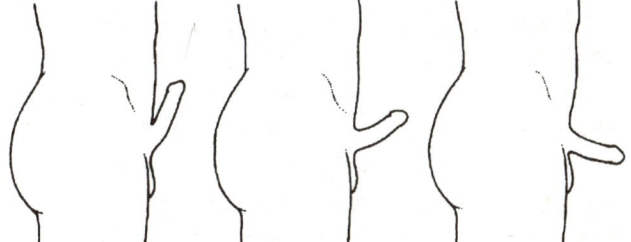

Abb. 31: **Erektionswinkel.** Der erigierte Penis kann in verschiedenen Winkeln vom Körper abstehen oder auch nach oben zeigen.

das vordere Ende der Eichel wird vielleicht etwas dunkler. Auf dem Penis können die Blutgefäße etwas stärker hervortreten, und die Haut darüber kann sich blau oder dunkler verfärben. Die Harnröhrenöffnung an der Spitze der Eichel kann sich weiten, und die Hoden können näher zum Penis und zum Körper gezogen werden, aber auch all diese Veränderungen sind völlig normal.

Warum wird er wieder schlaff?

Ob die Erektion von selbst wieder nachlässt oder ob du einen Samenerguss hattest – der Prozess des Erschlaffens ist immer der gleiche. Zuerst verlangsamt sich der Blutfluss in den Penis, sodass sich das Blut wieder aus dem schwammartigen Gewebe zurückzieht und die Schwellung nachlässt. Dadurch öffnen sich die Gefäße, und es fließt mehr Blut durch die Venen, die aus dem Glied herausführen. Hat sich der Blutfluss dann wieder normalisiert, wird auch der Penis wieder weich und schlaff.

Die männlichen Geschlechtsorgane

Die männlichen Fortpflanzungsorgane (siehe Abbildung 32) erfüllen sehr unterschiedliche Funktionen: Einige produzieren Samenfäden und speichern sie, andere bereiten die Spermien für den Samenerguss vor und wieder andere ermöglichen den Samenfäden beim Samenerguss den Weg aus dem Körper:

- *Hodensack:* Das ist der Hautsack hinter dem Penis, der die beiden Hoden umschließt.
- *Hoden:* Das sind die zwei ovalen Organe, in denen die Samenzellen und das Hormon Testosteron hergestellt werden.
- *Nebenhoden:* Hier reifen die Samenzellen.
- *Samenleiter:* Hier werden die reifen Samenzellen gespeichert.
- *Samenbläschen (Bläschendrüsen):* In den beiden Samenbläs-

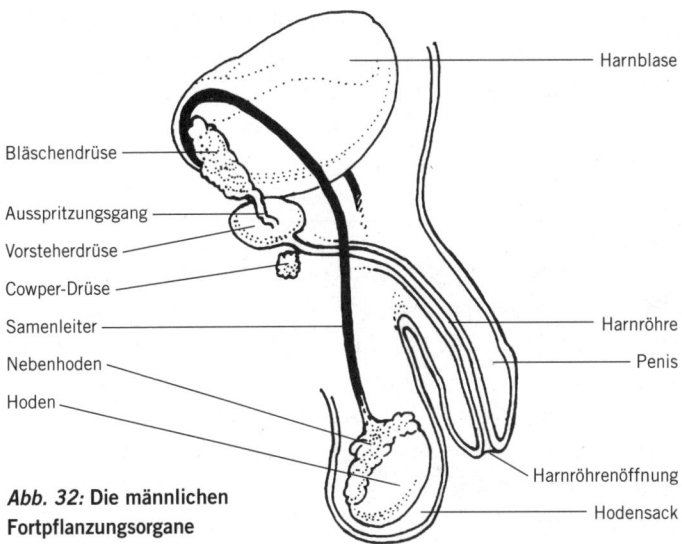

Harnblase

Bläschendrüse

Ausspritzungsgang

Vorsteherdrüse

Cowper-Drüse

Samenleiter — Harnröhre

Nebenhoden — Penis

Hoden

Harnröhrenöffnung

***Abb. 32:* Die männlichen Fortpflanzungsorgane**

Hodensack

chen wird die Flüssigkeit produziert, die sich mit den Samenzellen und anderen Flüssigkeiten vermischt, um das Sperma zu bilden.

- *Ausspritzungsgang:* Er mündet in die Harnröhre; hier vereinen sich Samenbläschen und Samenleiter.
- *Vorsteherdrüse:* Hier mischen sich die Flüssigkeiten aus der Prostata mit den Samenzellen und anderen Flüssigkeiten, um die Samenflüssigkeit zu bilden.
- *Cowper-Drüsen:* So heißen die beiden Drüsen direkt unter der Vorsteherdrüse auf der einen Seite der Harnröhre, die kurz vor dem Samenerguss etwas Flüssigkeit in die Harnröhre freisetzen.
- *Penis:* Er ist das äußere männliche Geschlechtsorgan, durch das die Samenflüssigkeit beim Samenerguss ausgestoßen wird.

- *Harnröhre:* Sie ist die Röhre, die von der Harnblase, in der der Urin gesammelt wird, längs durch den Penis führt und mit der Harnröhrenöffnung endet.
- *Harnröhrenöffnung:* Das ist die Öffnung an der Spitze des Penis.

Die Hoden

Die »Samenfabriken« des Körpers sind die beiden Hoden im Hodensack (siehe Abbildung 33), die jeweils in Hunderte von kleinen Kammern unterteilt sind. In jeder dieser Kammern gibt es winzige, faden- oder schlauchförmige Kanälchen, die so dicht gedrängt aneinander liegen, dass sie – aufgerollt und hintereinander gelegt – die Länge mehrerer Fußballfelder ergeben würden!

In der Pubertät beginnen sich in diesen Kanälchen Samenzellen zu bilden – ein Prozess, der von nun an lebenslang andauert und sich erst im Alter etwas verlangsamt, bei dem täglich ungefähr fünfzigtausend frische Samenzellen pro Minute hergestellt werden. Das bedeutet, dass in den beiden Hoden bis zu sechs Millionen Samenzellen pro Stunde entstehen, und da die Hoden vierundzwanzig Stunden am Tag arbeiten, beläuft sich das auf die stattliche Summe von immerhin täglich 144 Millionen Samenzellen!

Wenn die Samenzellen ganz ausgereift sind, sehen sie aus wie Kaulquappen, aber in Wirklichkeit sind sie viel kleiner als in Abbildung 33 gezeigt. Ohne Mikroskop ist eine Samenzelle überhaupt nicht sichtbar, und man müsste schon zweihundert Samenfäden aneinander legen, um die Länge von einem Zentimeter zu erreichen!

Die Samenzellen (Spermien) verlassen die Samenkanälchen in den Hoden, noch ehe sie voll entwickelt sind, und reifen dann

Testosteron

Die Hoden sind noch mehr als nur reine Samenfabriken, denn hier wird auch das männliche Hormon Testosteron hergestellt. Dieses Hormon ermöglicht die Bildung der Samenzellen und ist für viele Veränderungen in der Pubertät verantwortlich, u. a. für das Wachstum der Barthaare und des Muskelgewebes, das Tieferwerden der Stimme und das Breiterwerden der Schultern.

Das Signal, das den Körper zur Testosteron-Bildung anregt, stammt aus dem Gehirn, und schon Jahre, bevor du irgendwelche pubertären Veränderungen an dir bemerkst, beginnt ein Teil des Gehirns mit der Herstellung bestimmter chemischer Substanzen. Diese Substanzen wandern anschließend zur Hirnanhangsdrüse an der Basis des Gehirns und bewirken dort, dass die Hirnanhangsdrüse jetzt bestimmte Hormone herstellt, die mit dem Blutstrom zu den Hoden gelangen. Diese Hormone regen wiederum die Hoden dazu an, ihr eigenes Hormon zu bilden, nämlich das Testosteron, das zwar oft »männliches« Hormon genannt wird, aber auch bei den Frauen in geringen Mengen vorhanden ist.

zwei bis sechs Wochen lang in einem Knäuel von dicht geschlängelten Kanälchen weiter. Diese Kanälchen werden als Nebenhoden bezeichnet und sitzen, wie du in Abbildung 33 sehen kannst, auf und hinter den Hoden. Sie sind sogar tastbar (was du am oberen und hinteren Ende der Hoden fühlst, sind ihre weichen, strangartigen Teile).

Die Samenleiter

Wenn die Samenfäden vollständig entwickelt sind, wandern sie aus den Nebenhoden in einen der beiden 45 bis 60 Zentimeter langen Samenleiter, die im Hodensack beginnen und bis zum Unterbauch führen (siehe Abbildung 33). Dort werden sie so lange gespeichert, bis sie beim Samenerguss den Körper verlassen oder – wenn eine Zeit lang kein Samenerguss stattgefunden hat – absterben und vom Körper resorbiert werden.

Bei einem Samenerguss ziehen sich die Muskeln in den Wänden der Samenleiter zusammen, wodurch die Samenfäden in den Körper gepumpt werden, wo sie sich mit anderen Flüssigkeiten vermischen und damit zum Sperma werden.

Spermien und Sperma

Auf Abbildung 32 kannst du eine der beiden Bläschendrüsen (Samenbläschen) unten an der Harnblase sehen, direkt darunter auch die Vorsteherdrüse. Die beiden Bläschendrüsen sind mit jeweils einem der beiden in der Vorsteherdrüse liegenden Samen-

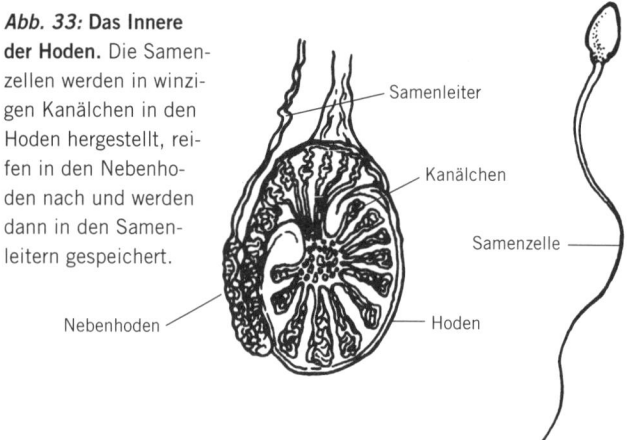

Abb. 33: **Das Innere der Hoden.** Die Samenzellen werden in winzigen Kanälchen in den Hoden hergestellt, reifen in den Nebenhoden nach und werden dann in den Samenleitern gespeichert.

Samenleiter

Kanälchen

Samenzelle

Nebenhoden

Hoden

Deutsche und lateinische Namen

Damit du besser verstehst, was in medizinischen Fachbüchern steht oder wovon der Arzt spricht, haben wir einige medizinische Fachbegriffe aufgelistet, die meist lateinisch sind:

Harnröhrenöffnung: *meatus*

Hodensack: *scrotum*

Hoden oder Testikel: *testis* (Einzahl), *testes* (Mehrzahl)

Samenleiter: *vas deferens, ductus deferens*

Glied: lat. *penis*, griech. *phallus*

Samenbläschen oder Bläschendrüse: *vesicula seminalis*

Ausspritzungsgang: *ductus ejaculatorius*

Vorsteherdrüse: *prostata*

Cowper-Drüsen: *glandulae bulbourethrales*

leiter verbunden, die jeweils einen etwa 2,5 Zentimeter langen Ausspritzungsgang bilden, die in die Harnröhre münden. Bei einem Samenerguss wird nun die Samenflüssigkeit gebildet, indem sich die Samenfäden in den Ausspritzungsgängen mit den Flüssigkeiten aus den Bläschendrüsen und der Vorsteherdrüse vermischen, sodass bei einem Samenerguss sowohl Samenflüssigkeit (Sperma) als auch Samenfäden (Spermien) aus dem Penis austreten – durchschnittlich etwas weniger als ein Teelöffel Sperma, in dem 300 bis 500 Millionen Spermien enthalten sind. Da die Spermien jedoch sehr klein sind, machen sie nur einen kleinen Teil des Spermas aus, d. h., der größte Teil der Flüssigkeit stammt aus den Bläschendrüsen und der Vorsteherdrüse.

Die Doppelrolle der Harnröhre

Innerhalb der Vorsteherdrüse münden die Ausspritzungsgänge in die Harnröhre. Sie ist am oberen Ende mit der Blase verbunden, in der sich der Urin sammelt, und führt durch die Vorsteherdrüse und das Glied, bis sie am unteren Ende an der Spitze des Gliedes in die Harnröhrenöffnung mündet.

Bei einem Samenerguss wird das Sperma durch die Harnröhre und aus der Harnröhrenöffnung gepumpt, dem gleichen Weg also, den der Urin nimmt, wenn er den Körper verlässt.

»Wie eklig!«, sagen dann viele meiner Schüler (vor allem die Mädchen), aber daran ist nichts Ekliges oder Abstoßendes, denn sofern du nicht gerade eine Infektion hast, ist der Urin wie auch das Sperma völlig keimfrei und sauber. Außerdem fließen Sperma und Urin nie gleichzeitig durch die Harnröhre, da sich die Verbindung zwischen Blase und Harnröhre kurz vor einem Samenerguss schließt, sodass der Urin nicht aus der Blase austreten und das Sperma nicht in die Blase gelangen kann.

Der Grund, warum der Körper verhindert, dass Sperma und Urin gleichzeitig durch die Harnröhre fließen, ist, dass das Sperma sehr empfindlich auf Urin reagiert, und damit es nicht durch den Urin geschädigt wird, reinigt der Körper die Harnröhre vor einem Samenerguss sogar mit einer speziellen Flüssigkeit aus der Cowper-Drüsen, die auch Vorflüssigkeit genannt wird und alle Urinspuren neutralisiert, die möglicherweise noch in der Harnröhre zurückgeblieben sind (über diese Vorflüssigkeit werden wir auf Seite 136 noch genauer sprechen).

Der Samenerguss

Beim Samenerguss unterscheidet man zwei Phasen – Emission und Ejakulation. Bei der Emission werden die Samenzellen und die anderen Flüssigkeiten vermischt, wodurch sich das Sperma

Power für die Spermien

Manche Fußballspieler trinken während eines Spiels Powerade, weil dieses Getränk so viel Zucker und Vitamine enthält, dass es einen sofortigen Energieschub bewirkt. Und was Powerade für den Körper ist, das ist die nährstoffreiche Flüssigkeit der Samenbläschen für die Spermien, ohne die wir alle nicht hier wären! Denn ohne diesen Energieschub wären die Samenzellen nicht in der Lage, die weiblichen Eizellen zu erreichen und sie zu befruchten.

Schließlich müssen die Spermien nach dem Samenerguss vom Penis bis zur Eizelle eine lange Reise zurücklegen: Zuerst müssen sie zum Ende der Scheide schwimmen und den Gebärmutterhals passieren, den engen Tunnel, der in die Gebärmutter führt. Als nächstes müssen sie die Gebärmutter in ihrer ganzen Länge durchqueren und zuletzt noch den halben Eileiter hinaufschwimmen, um die Eizelle zu finden.

Es gibt zwar Millionen von Spermien, aber nur eine einzige kann in das Ei eindringen und es befruchten. Das bedeutet einen harten Wettkampf, denn die Samenzelle, die gewinnen will, muss sehr schnell schwimmen, um die anderen auf ihrem langen Weg zur Eizelle zu schlagen.

Insgesamt müssen die Samenzellen die Strecke von 15 Zentimetern zurücklegen, was zunächst relativ wenig erscheint, aber schließlich sind Spermien weniger als 1/500 Millimeter lang, sodass 15 Zentimeter für sie so viel bedeuten wie für uns fünf Kilometer. Und bräuchtest du nicht vielleicht auch einen Energieschub, wenn du fünf Kilometer mit Höchstgeschwindigkeit laufen müsstest?

bildet, während bei der Ejakulation das Sperma aus dem Glied austritt (siehe Abbildung 34).

Die beiden Phasen eines Samenergusses dauern zusammen nur etwa zehn Sekunden, aber da die Gefühle dabei so intensiv sind, erscheint die Zeit oft länger.

Phase 1: Die Emission

Die erste Emissionsphase beginnt mit dem Zusammenziehen der Muskeln in Vorsteherdrüse, Bläschendrüsen, Hoden, Nebenhoden und Samenleitern, wodurch die Samenzellen (Spermien) nach oben aus den Samenleitern in die Ausspritzungsgänge gepumpt werden. Gleichzeitig werden durch das Zusammenziehen der Muskeln die Flüssigkeiten aus den Samenbläschen und der Vorsteherdrüse in die Ausspritzungsgänge gedrückt, wo sie sich mit den Samenzellen mischen und zum Sperma werden. Als nächstes ziehen sich die Muskeln zusammen, um das Sperma in das obere Ende der Harnröhre zu pumpen, gleichzeitig wird die Verbindung mit der Blase unterbrochen, sodass sich Sperma und Urin nicht vermischen können.

Direkt vor und während der Emissionsphase wächst die sexuelle Erregung sehr schnell und der Samenerguss kann nun nicht mehr aufgehalten werden.

Phase 2: Die Ejakulation

In der zweiten Phase des Samenergusses wird das Sperma durch kräftiges rhythmisches Zusammenziehen der Muskeln aus der oberen Harnröhre durch das Glied gepumpt und schubweise aus der Öffnung an der Spitze des Penis ausgestoßen.

Die ersten drei bis vier Muskelkontraktionen, die in Abständen von etwas weniger als einer Sekunde erfolgen, sind am stärksten und pumpen den größten Teil der Samenflüssigkeit aus dem

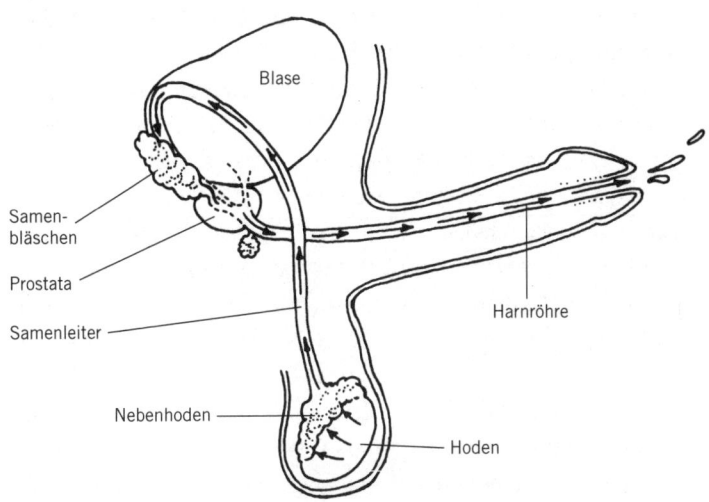

***Abb. 34:* Sperma und Samenerguss.** Kurz vor dem Samenerguss ziehen sich die Muskeln in Hoden, Nebenhoden und Samenleitern rhythmisch zusammen, wodurch die Samenfäden durch die Samenleiter in den Unterbauch und die Vorsteherdrüse gepumpt werden. Im Ausspritzungsgang mischen sich die Samenfäden mit der Flüssigkeit aus den Bläschendrüsen und der Prostata, wodurch das Sperma entsteht. Im Moment des Samenergusses wird das Sperma dann durch das Zusammenziehen von Muskeln durch die Harnröhre und aus der Harnröhrenöffnung gepumpt.

Glied. Danach folgen dann meist noch einige Sekunden lang mehrere schwächere und weniger rhythmische Kontraktionen, mit denen das restliche Sperma aus dem Körper gedrückt wird.

Das Zusammenziehen der Muskeln kann so stark sein, dass das Sperma 30 Zentimeter und mehr herausschießt, es kann aber auch einfach nur herauströpfeln, d. h., die Stärke der Kontraktionen kann variieren und auch individuell sehr unterschiedlich sein, wobei das Lebensalter und andere Faktoren wie etwa die Zeitspanne seit dem letzten Samenerguss eine Rolle spielen.

Beim Samenerguss wird etwa ein Teelöffel Sperma aus dem Penis ausgestoßen, wobei die Menge sehr unterschiedlich sein kann: Wenn ein Mann schon eine Weile keinen Samenerguss mehr hatte, tritt wahrscheinlich mehr Sperma aus, als wenn erst kürzlich ein Samenerguss stattfand. Und auch die Farbe des Spermas variiert – sie kann weiß, cremefarben, leicht grau oder klar, manchmal auch gelblich oder orangefarben sein.

Bei erwachsenen Männern ist das Sperma zunächst oft dick und gelartig, wird aber innerhalb von fünf bis 25 Minuten flüssig. Wissenschaftler glauben, dass diese gelartige Konsistenz den Samenzellen hilft, länger im Körper der Frau zu überleben. Manchmal ist das Sperma aber auch cremig, leicht wässrig oder klebrig. Trocknet es dann auf der Haut oder auf Stoff, kann es etwas flockig werden bzw. auf dem Stoff Flecken hinterlassen oder ihn etwas hart machen.

Die Vorflüssigkeit

Vor einem Samenerguss treten manchmal an der Spitze des Penis einige Tropfen einer klaren oder leicht trüben klebrigen Flüssigkeit aus. Das ist die so genannte Vorflüssigkeit, die von den Cowper-Drüsen gebildet wird und alle Urinsäuren neutralisiert, durch die die Samenzellen geschädigt werden könnten. Sie erscheint meist in der Emissionsphase, kann aber auch schon kurz nach der Erektion auftreten. Im Allgemeinen sind es nur ein bis zwei Tropfen, es können auch zehn oder zwanzig Tropfen sein, d. h., je mehr Zeit zwischen Erektion und Samenerguss verstreicht, desto mehr Vorflüssigkeit wird abgesondert. Doch egal ob viel oder wenig – sie ist ein ganz normaler Teil der sexuellen Erregung.

Diese Flüssigkeit, die von manchen Männern nur selten oder auch gar nicht bemerkt wird, kann bereits lebende Samenfäden enthalten. Das ist der Grund, warum eine Frau schwanger werden kann, auch wenn ihr Partner den Penis vor dem Samenerguss aus der Scheide zieht.

Der erste Samenerguss

Ein genaues Alter, in dem die ersten Samenzellen produziert werden und der erste Samenerguss stattfindet, gibt es nicht. Manche Jungen haben den ersten Samenerguss schon sehr früh zu Beginn der Pubertät, wenn ihre Hoden gerade eben erst anfangen zu wachsen und sie noch keine oder nur wenig Schamhaare haben. Bei anderen Jungen geschieht der erste Samenerguss dagegen erst in der allerletzten Pubertätsphase.

Die meisten Jungen erleben ihren ersten Samenerguss im Alter zwischen elf und 15 1/2 Jahren, meist durch Masturbieren oder eine Pollution (nächtlicher Samenerguss), worüber wir im nächsten Kapitel noch genauer sprechen werden, aber an dieser Stelle sollten wir zunächst erst einmal den Unterschied zwischen Samenerguss und Orgasmus erklären.

Ein Samenerguss ist der körperliche Vorgang des Ausstoßens des Spermas aus dem Penis. Ein Orgasmus ist die Empfindung oder das Gefühl, das den Samenerguss meistens begleitet, d. h., die Spannung, die sich bei der sexuellen Erregung aufgebaut hat, entlädt sich plötzlich in wellenförmigen Kontraktionen, die mit einem intensiven Gefühl sexueller Lust verbunden sind.

Samenerguss und Orgasmus fallen also in der Regel zusammen, aber es gibt auch Ausnahmen. So haben beispielsweise viele Jungen schon Orgasmen, noch ehe sie in die Pubertät kommen und demzufolge auch noch keinen Samenerguss haben.

Zu Beginn der Pubertät enthält das Sperma dann zunächst nur sehr wenige reife Samenzellen, die eine weibliche Eizelle befruchten können, und es kann einige Jahre dauern, bis bei einem

Samenerguss eine größere Anzahl voll ausgereifter Samenzellen ejakuliert werden. Das bedeutet, dass jeder Junge ab dem ersten Samenerguss potenziell dazu fähig ist, ein Kind zu zeugen (was natürlich nicht bedeutet, dass er das auch will!).

In der ersten Zeit ist das beim Samenerguss ausgestoßene Sperma meist klar, gelblich oder orangefarben. Wenn dann mit zunehmendem Alter immer mehr reife Samenzellen gebildet werden, wird das Sperma in der Regel weißlicher und auch die Stärke der Kontraktionen nimmt zu, mit der das Sperma beim Samenerguss aus dem Körper gepumpt wird (bei Jüngeren tröpfelt das Sperma dagegen oft nur heraus). Aber ob das Sperma herauströpfelt oder -schießt wirkt sich in keiner Weise auf die Fähigkeit aus, ein Kind zu zeugen.

Bin ich gesund?

Wir bekommen viele Anfragen von Jungen unterschiedlichsten Alters zu gesundheitlichen Problemen, die etwas mit ihren Fortpflanzungsorganen zu tun haben. Deshalb wollen wir an dieser Stelle einige der häufigsten Fragen beantworten, die auch dich interessieren könnten und dich wachsam (aber nicht ängstlich!) machen sollen.

Hodenkrebs

Hodenkrebs ist die häufigste Krebsart bei Männern im Alter zwischen 15 und 35 Jahren und – bezogen auf alle Krebskrankheiten – die häufigste Todesursache bei jungen Männern dieser Altersklasse. Wenn er allerdings in einem frühen Stadium entdeckt und behandelt wird, ist er sehr gut heilbar.

Du kannst dich am besten davor schützen, indem du einmal pro Monat deine Hoden selbst untersuchst und dadurch mögliche Frühwarnzeichen entdeckst – einen kleinen Knoten in einem der beiden Hoden (oft ist nur ein Hoden befallen!). Dieser Knoten ist meist schmerzlos, manche Männer verspüren aber auch ein Schweregefühl oder einen dumpfen Schmerz. Wenn in deiner Familie schon Krebs vorgekommen ist, solltest du dich außerdem regelmäßig von einem Arzt untersuchen lassen. Selbstuntersuchung und medizinische Kontrollen sind besonders wichtig für junge Männer, bei denen die Hoden nicht nach unten gewandert sind (siehe Seiten 78 f.), da ein solcher Hodenhochstand das Risiko für Hodenkrebs erhöht, selbst wenn dieses Problem inzwischen operativ behoben wurde. In Amerika wird sogar empfohlen, dass alle Jungen zwischen 13 und 18 Jahren diese Selbstuntersuchung an sich vornehmen sollten und da sie einmal im Monat durchgeführt werden sollte, machen viele Jungen und Männer ihre Selbstuntersuchung jeweils am Monatsersten, weil sie sich dann leichter daran erinnern.

Wie beim Erlernen aller neuen Fertigkeiten braucht man auch für die Selbstuntersuchung etwas Übung, aber wenn du es eine Weile gemacht hast, sind dafür nur noch etwa drei Minuten nötig. Im Idealfall untersuchst du die Hoden nach einem warmen Bad oder nach dem Duschen, denn durch die Wärme entspannt sich die Haut des Hodensacks, sodass sich Ungewöhnliches an den Hoden leichter ertasten lässt. Die Untersuchung sollte außerdem möglichst im Sitzen oder Liegen durchgeführt werden.

- Prüfe die Hoden einzeln nacheinander, aber achte darauf, immer beide zu untersuchen, da oft nur einer betroffen ist. Benutze zum Abtasten beide Hände.
- Lege Zeige- und Mittelfinger unter den Hoden und den Daumen auf den Hoden und rolle ihn behutsam zwischen Daumen und Fingern (siehe Abbildung 35). Er sollte sich glatt und fest anfühlen, aber nicht hart (wenn ein Hoden etwas größer ist als der andere, ist das ganz normal!).

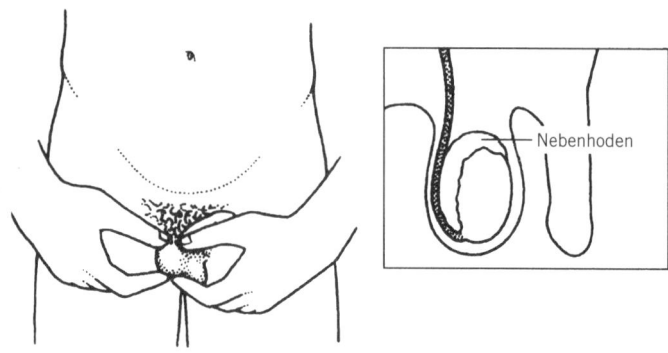

Abb. 35: Selbstuntersuchung der Hoden. Die Selbstuntersuchung der Hoden sollte einmal im Monat (jeweils mit beiden Händen!) durchgeführt werden.

- Am oberen und hinteren Ende der Hoden kannst du weiches, strangähnliches Gewebe fühlen, den Nebenhoden. Trenne ihn mit den Fingern vorsichtig vom Hoden und taste den Hoden ab.
- Krankhafte Knoten haben meistens die Größe einer Erbse und fühlen sich wie ein kleiner Kiesel oder eine Erdnuss an. Wenn du einen solchen Knoten findest, bedeutet das aber noch lange nicht, dass du Krebs hast, denn der Knoten kann auch durch eine Infektion hervorgerufen worden sein. Du solltest allerdings trotzdem möglichst gleich zum Arzt gehen, denn jeder Knoten muss genauer untersucht werden. Wurde er durch eine Infektion hervorgerufen, kann der Arzt über eine angemessene Behandlung entscheiden, und ist der Knoten krebsartig, gibt es auch dafür sehr gute Behandlungsmöglichkeiten, denn Hodenkrebs ist vor allem dann heilbar, wenn er frühzeitig entdeckt und behandelt wird.

Hodenschmerzen nach einer Verletzung

Fast jeder Junge kennt die heftigen Schmerzen nach einem versehentlichen Stoß gegen die Hoden, die aber zum Glück meist keine medizinische Behandlung erfordern. Wenn du einen Schlag auf die Hoden bekommen hast, lege möglichst bald kalte Kompressen oder einen Eisbeutel auf die schmerzenden Stellen auf und leg dich hin, damit Hodensack und Hoden weniger belastet sind.

Wenn die Schmerzen im Lauf einer Stunde dann allmählich nachlassen, kannst du davon ausgehen, dass kein ernsthafter Schaden entstanden ist. Wenn dagegen eines der folgenden Symptome auftritt, solltest du sofort zum Arzt gehen oder einen Notarzt rufen:

- Die Schmerzen lassen im Lauf einer Stunde nicht nach oder werden sogar schlimmer.
- Es bildet sich ein Bluterguss oder eine Schwellung.
- Du hast Schwierigkeiten beim Pinkeln oder der Urin ist blutig (rötlich verfärbt).

Jedes dieser Symptome kann bedeuten, dass eine Blutung im Hoden oder Hodensack vorliegt, die unbehandelt zu Gewebeschäden führen können.

Schutz vor Verletzungen

Um dich beim Sport vor Verletzungen des Hodensacks und der Hoden zu schützen, kannst du einen Schalenschutz verwenden, der auch Hodenschutz, Genitalschutz, Tiefschutz oder Suspensorium genannt wird (siehe Abbildung 36). Dieser Schalenschutz, der durch Bänder gehalten wird, schützt Penis und Hodensack, wobei sich der weiche Schalentyp für Sportarten wie Fußball eignet. Für Sportarten, in denen harte Schläge ausgeteilt werden,

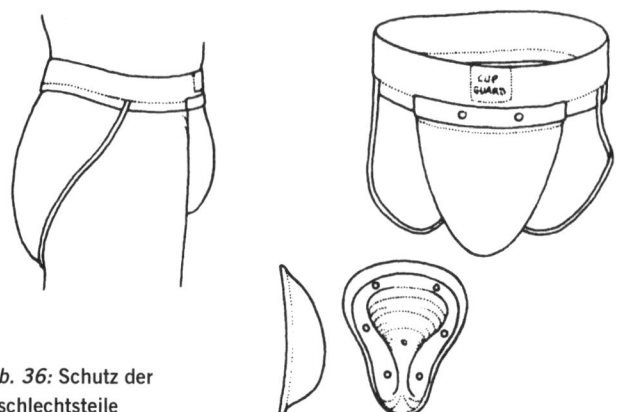

Abb. 36: Schutz der
Geschlechtsteile

wie etwa beim amerikanischen Football oder beim Boxen, sind
dagegen Hartplastikschalen erforderlich.

Die Größe bei Hodenschützern hat nichts mit der Größe der
Geschlechtsteile zu tun, sondern richtet sich nach dem Taillenumfang, wofür es unterschiedliche Angaben gibt. Richte dich
deshalb nicht nach allgemeinen Größenangaben wie »small«,
»medium« oder »large«, sondern nach dem Taillenumfang in
Zentimetern, der auf dem Etikett zu finden ist.

Bei Sportarten, zu denen Rennen, Springen und plötzliche Bewegungen gehören, kannst du auch einen Tiefschutz ohne Scha-
le oder eine andere Art Suspensorium tragen (letzteres zieht Hodensack und Hoden näher an den Körper, um Quetschungen zu
vermeiden).

Da Hodenschützer nicht immer unbedingt bequem sind, entscheiden sich viele Sportler für andere Schutzvorrichtungen, wie
etwa Joggingshorts oder -hosen mit eingearbeitetem Innenteil,
das die Geschlechtsteile hält. Es gibt aber auch spezielle Zwei-
Schichten-Shorts, bei denen die äußeren Shorts meist aus Nylon-

gewebe oder Baumwolle bestehen, während die inneren Shorts aus einem dehnbaren Material wie Spandex® oder Lycra® gemacht sind, die sich eng an den Körper anschmiegen. Wichtig ist, dass du diese Hosen oft wäschst, damit keine Pilzinfektionen entstehen.

Hodenschmerzen ohne Verletzung

Bei plötzlichen starken Schmerzen in einem der beiden Hoden ohne äußere Verletzung solltest du umgehend einen Arzt aufsuchen, selbst wenn der Schmerz ebenso schnell wieder verschwinden sollte, wie er aufgetaucht ist. Die beiden häufigsten Ursachen für diese Schmerzen sind eine Hodentorsion (Verdrehung des Hodens) und ein Leistenbruch:

- *Hodentorsion:* Sie ist eine seltene, aber äußerst schmerzhafte Angelegenheit, bei der sich einer der Hoden im Hodensack verdreht, und betrifft meist Jungen im Alter zwischen zwölf und 18 Jahren. Manchmal tritt diese Verdrehung nach einem anstrengenden Training oder nach schwerem Heben auf, oft gibt es aber auch gar keinen äußerlichen Grund und die Hodentorsion entsteht beispielsweise im Schlaf. In diesem Fall wacht der Betroffene dann plötzlich mit starken Hodenschmerzen auf, und es kann eine Schwellung vorhanden sein, die mit Übelkeit und Erbrechen oder Fieber und Schwäche verbunden ist. In diesem Fall ist eine sofortige medizinische Versorgung erforderlich, um bleibende Schäden bzw. den Verlust des betroffenen Hodens zu verhindern. Selbst wenn der Hoden in seine normale Lage zurückkehren sollte, muss er mitunter chirurgisch fixiert werden, um eine weitere Torsion zu verhindern.
- *Leistenbruch:* Ein Leistenbruch tritt auf, wenn sich ein Teil des Darms durch eine Schwachstelle in der Bauchwand aus-

stülpt, was ebenfalls plötzliche heftige Schmerzen im Hodensack hervorrufen kann. Ein Leistenbruch wird in der Regel sofort operiert, um diese Schwachstelle wieder zu schließen, was aber nicht weiter schlimm ist. Unbehandelt kann er jedoch ernsthafte medizinische Probleme verursachen, sodass du in diesem Fall ebenfalls möglichst schnell zum Arzt gehen solltest.

Kapitel 7
Spontane Erektionen, Orgasmus und masturbieren

Im letzten Kapitel haben wir bereits über Erektionen gesprochen. Sie entstehen im Schlaf oder als Reaktion auf Berührung und andere Arten der sexuellen Stimulation, können aber auch – vor allem in der Pubertät – völlig grundlos auftreten. Das nennt man spontane Erektionen, d. h., diese Erektionen geschehen »ganz von selbst«. In diesem Kapitel erfährst du mehr über spontane Erektionen und wie du damit umgehen kannst.

In Kapitel 6 haben wir auch schon das Thema Orgasmus gestreift – die körperlichen Gefühle sexueller Lust, die meistens mit dem Samenerguss einhergehen. In diesem Kapitel sprechen wir noch genauer darüber und wie der Körper bei sexueller Erregung reagiert. Ein weiterer Punkt ist der Samenerguss im Schlaf und das Thema Masturbieren, zu dem es oft viele Fragen gibt, die wir in diesem Kapitel beantworten.

Spontane Erektionen

Plötzliche Erektionen gehören bei vielen Jungen zur Pubertät, denn es dauert eine Weile, bis sich der Penis an die neuen Sexualhormone gewöhnt hat, die der Körper in dieser Zeit produziert. Mit zunehmendem Alter ist der Penis dann aber nicht mehr so empfindlich und die spontanen Erektionen lassen wieder nach. Bis dahin können sie allerdings recht unangenehm sein, wie uns auch diese Jungen und Männer erzählten:

»Als ich in den letzten Sommerferien am Strand war, hatte ich eine enge Badehose an. Da sah ich ein hübsches Mädchen auf einem Badetuch liegen und bekam sofort einen Ständer. Ich bin dann sofort ins Wasser gerannt, damit es niemand sehen konnte.«

Daniel, 13 Jahre

Beim Joggen bekomme ich manchmal eine Erektion. Deshalb ziehe ich jetzt immer ein Paar kurze Turnhosen unter meine Jogginghose an, denn wenn man darin einen »Ständer« hat, steht er wie eine Zeltstange vor.

Julian, 14 Jahre

Als ich einmal vor der Klasse ein Referat halten musste, hatte ich auf einmal einen »Steifen«. Das war wirk-

Was tun bei spontanen Erektionen?

Spontane Erektionen kannst du zwar nicht verhindern, aber es gibt einige Tricks, die dir helfen können, besser damit fertig zu werden:

- Trage lange Hemden, die über die Hose hängen.
- Halte ein Heft oder ein Buch vor dich.
- Setz dich hin, wenn du eine Erektion bekommst.
- Stecke die Hände in die Hosentaschen, und schieb den Penis zur Seite.
- Trag ein Sweatshirt so um die Taille, dass die Ärmel die Hose vorne bedecken.
- Denke einfach an etwas anderes, bis die Erektion wieder aufhört.

lich peinlich, und ich habe versucht, meine Schulbü-
cher so vor mich zu halten, dass es niemand sehen konnte.

Leonhard, 32 Jahre

Einmal hab ich beim Schulfest in der Aula eine Rede gehalten, die ziemlich lustig war. Aber als ich da stand,
bekam ich plötzlich einen großen Ständer und wusste
überhaupt nicht mehr, ob alle über meine Rede oder über
meinen Steifen lachten.

Tom, 28 Jahre

Spontane Erektionen sind völlig normal, und falls es dir auch so
ergeht, dann denk einfach daran, dass du nicht der Einzige bist
und dass Erektionen für andere nicht so leicht zu erkennen sind
wie für dich!

Was ist ein Orgasmus?

Ein Orgasmus ist die plötzliche, explosive Entladung sexueller
Spannung, die gewöhnlich den Samenerguss begleitet. Es ist
aber auch möglich, einen Orgasmus zu haben, ohne zu ejakulieren – Jungen masturbieren zum Beispiel oft bis zum Orgasmus,
noch bevor sie in die Pubertät kommen und ejakulieren können.
Möglich ist auch ein Samenerguss ohne Orgasmus, aber meist
fallen Orgasmus und Samenerguss zusammen.

Es ist schwierig, genau zu beschreiben, wie sich ein Orgasmus
anfühlt, denn die Orgasmen sind individuell verschieden und
unterscheiden sich auch von Mal zu Mal. Einmal kann der Orgasmus sehr stark und mit überaus angenehmen Gefühlen verbunden sein, die in den Geschlechtsteilen beginnen und sich im
ganzen Körper ausbreiten, ein andermal ist der Orgasmus vielleicht weniger intensiv, und das angenehme Gefühl bleibt auf
den Genitalbereich beschränkt.

Viele Männer beschrieben uns, dass der Orgasmus bei ihnen mit einem tiefen Wärme- oder Druckgefühl beginnt, was der Emissionsphase beim Samenerguss entspricht, bei der die Samenflüssigkeit durch das Zusammenziehen der Muskeln in die obere Harnröhre gepumpt wird (siehe Seite 134). Viele fühlen dann, dass es gleich zum Samenerguss und Orgasmus kommt, ohne dass sie ihn jetzt noch aufhalten könnten, was mit einem intensiven, äußerst angenehmen Zusammenziehen im gesamten Genitalbereich verbunden ist und dem Gefühl eines warmen Strömens oder Hindurchschießens, wenn das Sperma durch die Harnröhre fließt und aus der Harnröhrenöffnung schießt.

Die Intensität des Orgasmus wird sowohl von emotionalen als auch von körperlichen Faktoren beeinflusst, wobei auch die ejakulierte Spermamenge eine Rolle spielt. Wenn du eine Weile keinen Erguss hattest, ejakulierst du mehr Samenflüssigkeit als sonst, und meist ist dann auch der Orgasmus intensiver. Bei häufigem Samenerguss innerhalb kurzer Zeit wird die Spermamenge dagegen mit jedem Mal geringer, und auch die Intensität des Orgasmus nimmt dabei normalerweise ab.

Einige der Männer, die wir interviewt haben, beschrieben den Orgasmus als »toll«, »unglaublich« oder »umwerfend«, manche meinten auch, dass es dafür einfach keine Worte gebe, und wieder andere haben uns den Vorgang ziemlich genau beschrieben, so wie dieser Mann:

»Es ist ein sehr schönes Gefühl in den Geschlechtsteilen und im Körper, das kommt und geht – eine angenehm sinnliche Empfindung, die sich in einer Art Welle durch den ganzen Körper zieht. Wenn das Sperma dann schließlich herausschießt, ist das für sich allein genommen kein so großartiges Gefühl, aber diese Gefühlswellen in

Verbindung mit dem Rhythmus des Ejakulierens fühlen
sich einfach fantastisch an. Danach spüre ich ein Pri-
ckeln und schließlich bin ich total entspannt.«

Max, 46 Jahre

Die Veränderungen im männlichen Körper, die zu einem Orgasmus führen bzw. auf ihn folgen, werden männliche sexuelle Reaktion genannt. Manchmal ist diese Reaktion intensiver als zu
anderen Zeiten, aber im Grunde immer dieselbe, egal ob du dich
selbst befriedigst oder Sex mit einer Partnerin hast. Die männliche sexuelle Reaktion beginnt mit der sexuellen Erregung und
der Erektion, die bis zum Orgasmus anhalten oder auch mehrere
Male abnehmen und wieder stärker werden kann. In dem Maße,
wie die Erregung anhält und sich bis zum Orgasmus aufbaut, finden aber noch verschiedene andere Veränderungen statt: Die
Haut des Hodensacks wird dicker und zieht sich zusammen. Die
Hoden beginnen anzuschwellen – bis zum Orgasmus können sie
um 50% größer werden – und rücken näher an den Körper heran.
Auch die Muskelspannung wird mit zunehmender sexueller Erregung größer, die Herzfrequenz und der Blutdruck nehmen zu und
die Atmung wird tiefer und schwerer. Die Haut auf Gesicht, Brust
und anderen Körperteilen läuft rot an oder wird dunkler (Sex-
flush), die Brustwarzen werden hart und richten sich auf, die
Muskeln um den After ziehen sich zusammen und die Harnröhrenöffnung an der Eichelspitze weitet sich. Die Eichel kann größer und dunkler werden und meist erscheinen auch einige Tropfen Vorflüssigkeit an der Spitze des Penis.

Wenn sich die sexuelle Erregung dann weiter bis zum Orgasmus aufbaut, nehmen auch Herzfrequenz und Muskelspannung
weiter zu, und die Gefühle sexueller Erregung werden immer stärker.

Kurz vor dem Orgasmus, wenn man fühlt, dass der Höhepunkt nahe ist, erreichen Muskelspannung und Pulsfrequenz ihr Maximum. Während des Orgasmus kommt es dann zu einer explosionsartigen Entladung der Spannung, die sich in den Muskeln aufgebaut hat, und die rhythmischen Muskelkontraktionen im Genitalbereich rufen Gefühle intensiver körperlicher Lust hervor. Diese Kontraktionen erfolgen in Abständen von etwas weniger als einer Sekunde, wobei die ersten drei bis vier am stärksten sind und den intensivsten Genuss bereiten. Im Augenblick des Orgasmus können auch unwillkürliche Muskelbewegungen des Gesichts, der Hände oder der Füße auftreten, die wie Klammerbewegungen oder ein Sichkrümmen aussehen, aber auch in anderen Körperteilen kann es zu Muskelzuckungen kommen.

Nach dem Orgasmus entspannt sich der Körper und kehrt langsam wieder zum Normalzustand zurück, wobei manche Männer sehr stark schwitzen, selbst wenn sie sich jetzt nicht mehr körperlich anstrengen. Auch Puls, Atmung und Blutdruck normalisieren sich wieder, die Hoden und der Hodensack entspannen sich und der Penis wird wieder weich. Bis sich alle Körperfunktionen wieder normalisiert haben, können fünf Minuten bis zu zwei Stunden vergehen.

Nach einem Orgasmus fühlen sich viele Männer sehr entspannt und sogar schläfrig. Sie können jetzt auch nicht sofort einen weiteren Orgasmus bekommen, selbst wenn es zu einer neuen teilweisen oder vollständigen Erektion kommt, wobei die Zeitspanne zwischen ein paar Minuten und bis zu einem Tag oder länger betragen kann (je älter ein Mann wird, desto mehr Zeit braucht er, bis er wieder zu einem Orgasmus bereit ist).

Masturbieren

Masturbieren bedeutet laut Lexikon »das absichtliche Berühren und Streicheln der Sexualorgane, um sexuelle Lust zu empfinden«, doch in der Umgangssprache gibt es noch viele andere Ausdrücke dafür, zum Beispiel »Selbstbefriedigung«, »onanieren«, »sich einen runterholen« oder »wichsen«. Wenn ein Mann oder Junge lange genug masturbiert, bekommt er meistens einen Orgasmus, er kann aber auch schon vorher mit dem Masturbieren aufhören, etwa wenn er gerade eben erst einen Orgasmus hatte, sodass die Erektion dann nach einer Weile von allein wieder nachlässt. Jungen können auch schon vor der Pubertät bis zum Orgasmus masturbieren, ohne dass es dabei zu einem Samenerguss kommt.

Die meisten Jungen (und Männer) masturbieren, aber nicht alle – manche Jungen onanieren ein- bis zweimal täglich, einige noch öfter und manche nie. Es ist also völlig normal, wenn du es tust, und genauso normal, wenn du es nicht tust. Manche Männer beginnen mit der Selbstbefriedigung schon als Kind und fahren dann ihr ganzes Leben lang damit fort. Andere fangen erst in der Pubertät damit an, sodass der erste Orgasmus gleichzeitig mit dem ersten Samenerguss stattfindet, einige masturbieren auch erst in späteren Jahren und manche nie, aber das ist eher die Ausnahme.

In einer Umfrage stellte sich heraus, dass 95 Prozent der Männer und 89 Prozent der Frauen aller Altersstufen und aller Gesellschaftsschichten masturbieren. Manche Jungen glauben, dass man mit dem Masturbieren wieder aufhört, wenn man Sex mit einem Partner hat, aber das stimmt nicht, denn viele Menschen masturbieren trotz regelmäßigen Geschlechtsverkehrs mit einem festen Sexualpartner.

Früher dachten die Leute, dass Masturbieren verrückt mache

oder dass man davon blind oder geisteskrank wird. Aber diese Geschichten sind nicht wahr, denn sonst gäbe es sehr viele verrückte und blinde Geisteskranke um uns herum. Vielleicht hast du auch gehört, dass man durch Masturbieren den Sex mit einem anderen Menschen weniger genießt, aber auch das stimmt nicht. Im Gegenteil – durch Masturbieren kann man sich gut auf sein späteres Sexualleben vorbereiten und wenn man lernt, wie man sich selbst sexuelle Lust verschafft, kann das der erste Schritt sein, um später einmal sexuelle Lust mit einem anderen Menschen zu erleben.

Zu viel Masturbieren ist auch nicht gesundheitsschädlich, egal, wie oft du masturbierst, und du wirst dadurch auch nicht all deine Samenfäden verbrauchen, wie es früher oft hieß. Es stimmt zwar, dass der Spermanachschub durch wiederholte Ejakulationen vorübergehend reduziert wird, aber wie du jetzt weißt, stellt der Körper jeden Tag Millionen neuer Samenzellen her, sodass es unmöglich ist, dass sich deine Vorräte durch Masturbieren erschöpfen!

Manche Männer erleben beim Masturbieren körperlich intensivere Orgasmen als beim Geschlechtsverkehr, was aber nicht unbedingt heißt, dass ihnen das Masturbieren besser gefällt. Denn Geschlechtsverkehr mit einer Partnerin bedeutet, dass man sich gegenseitig berührt, streichelt und dem anderen Menschen ganz nahe ist, was eine ganz andere Erfahrung ist als die Selbstbefriedigung.

Andere Männer wieder finden, dass die Orgasmen, die sie beim Sex mit einer Partnerin erleben, intensiver sind als die, die sie beim Masturbieren haben, und wieder andere können zwischen beiden keinen Unterschied feststellen.

Welche dieser Formen dir am liebsten sind, wirst du erst dann feststellen können, wenn du etwas älter bist, d. h., wie viel oder wenig du dich selbst befriedigst, solange du jung bist, hat nichts damit zu tun, welche Art von Orgasmus später für dich am intensivsten sein wird.

Sexuelle Fantasien

Viele Menschen denken beim Masturbieren oder auch zu anderen Zeiten an Dinge oder Situationen, die sie sexuell erregen, was man als sexuelle Fantasien bezeichnet – meist Dinge, die sie gerne eines Tages tun würden, die ihnen peinlich wären oder bei denen sie sich vielleicht sogar schlecht fühlen würden.

Einige Leute haben dann Angst, dass an ihren sexuellen Fantasien irgendetwas seltsam oder falsch sein könnte, aber die meisten Menschen beiderlei Geschlechts haben sehr ähnliche sexuelle Fantasien, die weder falsch noch seltsam sind. Im Gegenteil – diese Fantasien können uns helfen, die eigenen sexuellen Wünsche und Träume besser kennen zu lernen. Deshalb unser Rat: Entspann dich und genieße deine Fantasien! Wenn dich deine Fantasien allerdings beunruhigen, solltest du vielleicht einmal mit einem Psychologen darüber sprechen.

Häufige Fragen zur Selbstbefriedigung

Da die Jungen in meinen Klassen meist viele Fragen zur Selbstbefriedigung stellen, möchte ich die häufigsten an dieser Stelle beantworten, weil ich annehme, dass sie auch dich interessieren könnten:

»Kann Selbstbefriedigung die sportliche Leistung beeinflussen?«
Es gibt nichts, was darauf hinweist, dass Masturbieren die sportliche Leistung beeinträchtigt. Es kann sogar sein, dass Selbstbefriedigung dir hilft, dich vor einem wichtigen Spiel zu entspannen.

Ist Masturbieren moralisch falsch?

Die Vorstellung, was moralisch richtig oder falsch ist, war früher eine andere als heute und unterscheidet sich auch je nach Kultur und Religion. Inzwischen glauben die meisten Leute bei uns nicht mehr, dass Selbstbefriedigung falsch ist, und auch viele Religionsführer sehen das heute nicht mehr so, aber das gilt nicht generell. So vertritt beispielsweise die katholische Kirche den Standpunkt, dass Masturbieren eine Sünde ist, was aber nicht bedeutet, dass alle Katholiken oder alle katholischen Priester so denken. Wenn du dir Gedanken machst, ob Selbstbefriedigung eine Sünde oder moralisch verwerflich sein könnte, solltest du vielleicht einmal mit einem Pfarrer, Priester oder einem anderen Geistlichen darüber sprechen.

Ist es blöd, wenn mehrere Jungen zusammen masturbieren?

Jungen tauschen sich häufig untereinander über das Masturbieren aus und einige experimentieren sogar, indem sie gemeinsam onanieren. Manche Jungen haben dann Angst, dass das nicht in Ordnung ist und einige glauben sogar, dass sie deshalb homosexuell sind (Homosexuelle sind Menschen, die sexuelle Kontakte mit gleichgeschlechtlichen Partnern vorziehen, worüber wir noch in Kapitel 9 sprechen werden). Aber gemeinsames Masturbieren mit anderen Jungen bedeutet nicht, dass du homosexuell bist, und viele Jungen beteiligen sich in der Pubertät an so genannten »Sexspielen« mit anderen Jungen. Wenn du vielleicht auch schon solche Erfahrungen gemacht hast, kannst du Genaueres dazu auf Seite 184 nachlesen.

Beim Masturbieren wollte ich nicht, dass das Sperma auf meinen Schlafanzug spritzt und deshalb habe ich bei der Ejakulation die Spitze meines Penis zusammengedrückt, damit nichts heraus-

kommt. Das hat zwar geklappt, aber danach hatte ich ein paar Tage lang Schmerzen im Penis und dann kam so ein milchiges Zeug heraus. Was ist da passiert?

Dieses Problem kommt manchmal vor und man spricht dann von einem retrograden, d. h. einem rückwärts gerichteten Samenerguss, bei dem die Samenflüssigkeit daran gehindert wird, aus der Öffnung an der Penisspitze auszutreten. Bei älteren Männern können verschiedene medizinische Probleme die Ursache für einen retrograden Samenerguss sein, aber bei Jungen geschieht dies in der Regel nur, wenn beim Masturbieren das Sperma am Austritt gehindert wird. In diesem Fall fließt es rückwärts in die Harnröhre und wird dann in den Gang gedrückt, der zur Harnblase führt, wodurch der Urin eine Zeit lang trüb werden kann, oder es wird in die Prostata gedrückt. In beiden Fällen kann es zu Schmerzen und einem trüben Ausfluss aus dem Penis kommen.

Manchmal verschwinden die Symptome von selbst wieder, aber oft ist auch eine medizinische Behandlung notwendig. Obwohl es dir dann vielleicht peinlich ist zu erklären, wie es zu dem retrograden Samenerguss kam, ist es wichtig zum Arzt zu gehen, sofern du Schmerzen, einen milchigen Ausfluss hast oder der Urin trüb ist, da es leicht zu einer Prostatareizung bzw. -infektion kommen kann, nachdem das Sperma hineingedrückt wurde. Der Arzt kann eine solche Infektion dann mit einem Antibiotikum behandeln und dir bei Bedarf auch ein Schmerzmittel geben.

Wenn ich lange mit meiner Freundin geschmust habe, bekomme ich anschließend Schmerzen in den Hoden. Woher kommt das?

Bei sexueller Erregung kommt es zu einer Erektion und die Hoden füllen sich mit mehr Blut als sonst. Wenn es dann zu einem Samenerguss kommt, öffnen sich die Blutgefäße, und das Blut fließt durch die Venen, die aus den Hoden und dem Penis führen, rasch wieder ab (siehe Seite 126). Ohne Samenerguss fließt das Blut dagegen nur sehr langsam ab, was zu Schmerzen und einem unangenehmen Gefühl in den Hoden führen kann, aber nicht gesundheitsschädlich ist. Masturbieren kann dann eine Möglichkeit sein, um die Beschwerden wieder zu beheben.

Was passiert mit all den Spermien, wenn man nicht masturbiert oder Sexualverkehr hat?
Wenn ein Junge oder Mann weder masturbiert noch Geschlechtsverkehr hat, sterben die Samenzellen entweder ab und werden vom Körper resorbiert, oder es kommt zu einem nächtlichen Samenerguss.

Was ist ein nächtlicher Samenerguss?

Ein nächtlicher Samenerguss ist ein Samenerguss, der sich im Schlaf ereignet und vor allem Jungen in der Pubertät betrifft, aber auch bei erwachsenen Männern auftreten kann. Dabei haben Jungen, die regelmäßig masturbieren, meist weniger nächtliche Samenergüsse als die, die sich nie oder nur selten selbst befriedigen.

Für Jungen, die ihren allerersten Samenerguss im Schlaf haben und noch nicht wissen, was das bedeutet, kann das eine recht verwirrende Erfahrung sein. Manche glauben dann, sie hätten ins Bett gemacht oder würden bluten, bis sie dann sehen, dass die milchig weiße Flüssigkeit weder Blut noch Urin ist. Ein älterer Mann hat uns von seinen Empfindungen erzählt:

»Heute bin ich 67 – es ist also mehr als 50 Jahre her, aber an meinen ersten nächtlichen Samenerguss erinnere ich mich noch so genau, als ob es erst gestern ge-

wesen wäre. Niemand hatte mir irgendwas darüber erzählt, und als ich eines Tages mitten in der Nacht aufwachte, war da überall dieses feuchte, klebrige Zeug auf meinem Bauch. Ich dachte: ›O Gott, ich hab ins Bett gemacht – und das mit 13!‹
Nach ein paar Tagen passierte das Gleiche wieder, doch dieses Mal schaute ich es mir genauer an – es war weiß, dickflüssig wie eine Lotion und klebrig. Da dachte ich, ich hätte vielleicht irgendeine Krankheit. Aber als es dann immer wieder geschah, erzählte ich schließlich meiner Mutter davon. Sie sagte nur, wenn ich mich beherrschen und nicht an ›solche Sachen‹ denken würde, würde es auch nicht mehr vorkommen. Ich hatte nur damals leider keine Ahnung, wovon sie überhaupt sprach – mich wobei beherrschen? Woran nicht denken? Ich hatte ja an gar nichts gedacht, sondern geschlafen!«

Carl, 67 Jahre

Dieser Mann hat seine Überraschung sehr gut beschrieben und auch, dass er nichts dagegen tun konnte. Aber das ist auch gar nicht nötig, denn ein nächtlicher Samenerguss ist völlig natürlich und normal, weil er wie auch die Selbstbefriedigung dafür sorgt, dass der Körper wieder Platz für neue Samenzellen macht. Doch selbst wenn man schon vorher etwas darüber weiß, kann der erste nächtliche Samenerguss immer noch eine Überraschung sein:

»Obwohl mir meine Eltern von Anfang an alles über diese Dinge erzählt hatten, war es beim ersten Mal doch eine ziemliche Überraschung. Als ich aufwachte, war zuerst alles so merkwürdig, denn ich fühlte diese Nässe

auf meinem Schlafanzug, und eine Zeit lang wusste ich
überhaupt nicht, was los war, weil ich nur halb wach
war. Aber als ich dann doch etwas wacher wurde, wusste ich plötzlich, dass es das war, worüber meine Mutter mit mir gesprochen hatte.« *Gregor, 14 Jahre*

Einer der Filme, die ich im Sexualunterricht verwende, handelt
von den Erfahrungen eines Jungen in der Pubertät, der nach einem nächtlichen Samenerguss aufwacht und so durcheinander
ist, dass er seinen Schlafanzug auszieht, sein Bett abzieht und
sich durch den Flur ins Bad schleicht. Dort dreht er den Wasser-
hahn am Waschbecken auf, schüttet ein Glas Wasser über den
Schlafanzug und stopft ihn in den Wäschekorb.

Seine Mutter hört ihn und ruft: »Stimmt was nicht?« »Gar
nichts, Mama, ich habe nur aus Versehen Wasser über mein Bett
geschüttet und tue das Laken in den Wäschekorb«, erklärt der
Junge dann nervös.

Bei dieser Szene brechen die Jungen dann meist in lautes
Gelächter aus – wahrscheinlich, weil sich viele selbst schon einmal so gefühlt haben. Aber wegen eines nächtlichen Samenergusses braucht man nicht verlegen zu sein, denn auch das ist
eine völlig natürliche und normale Sache, die zum Erwachsenwerden gehört.

Nach dem Film taucht dann meistens die Frage auf, ob sich
ein nächtlicher Samenerguss nur in der Nacht ereignet. In diesem Fall erkläre ich, dass ein nächtlicher Samenerguss auch zu
jeder anderen Zeit stattfinden kann, allerdings immer nur im
Schlaf – im Wachzustand gibt es also keinen unwillkürlichen Samenerguss, es sei denn, du stimulierst dich in irgendeiner Form
sexuell.

Eine weitere häufige Frage ist, ob nächtliche Samenergüsse

nur dann vorkommen, wenn man träumt. Tatsache ist, dass man jede Nacht träumt, und manchmal wachst du vielleicht nach einem nächtlichen Samenerguss auf und erinnerst dich an einen sexuellen Traum, aber ein Samenerguss ist auch ohne Träume mit sexuellem Inhalt möglich.

Kapitel 8
Mädchen und Pubertät

Spätestens in der Pubertät wissen die meisten Jungen zwar ziemlich genau, was sich in dieser Zeit bei ihnen abspielt, aber mit den Veränderungen beim »anderen Geschlecht« kennen sie sich oft nicht ganz so gut aus. Deshalb werden wir uns in diesem Kapitel mit den körperlichen Veränderungen bei Mädchen in der Pubertät befassen (und wie die meisten Jungen bist du wahrscheinlich ziemlich neugierig, was da genau passiert).

Wie du in Abbildung 37 sehen kannst, verändern sich auch die Mädchen in der Pubertät ziemlich stark, und in vielem verläuft ihre Pubertät ähnlich wie bei Jungen: Sie erfahren einen Wachstumsschub und bekommen nach und nach immer erwachsenere Körperformen, die Schamhaare beginnen zu wachsen, die Schweißdrüsen werden aktiviert und die ersten Pickel sprießen. Trotzdem gibt es einige wichtige Unterschiede zwischen Jungen und Mädchen: Zum Beispiel wird bei Mädchen die Stimme nicht so viel tiefer wie bei Jungen, und sie bekommen in der Pubertät zum ersten Mal ihre Periode.

Im Durchschnitt beginnt die Pubertät bei den Mädchen früher als bei den Jungen, und die meisten haben schon einen Busen und Schamhaare, wenn bei den Jungen noch gar nichts zu sehen ist. Aber wie wir wissen, entspricht nicht jeder dem Durchschnitt und bei einigen Jungen beginnt die Pubertät auch früher, sodass frühreife Jungs eher in der Pubertät sein können als gleichaltrige Mädchen.

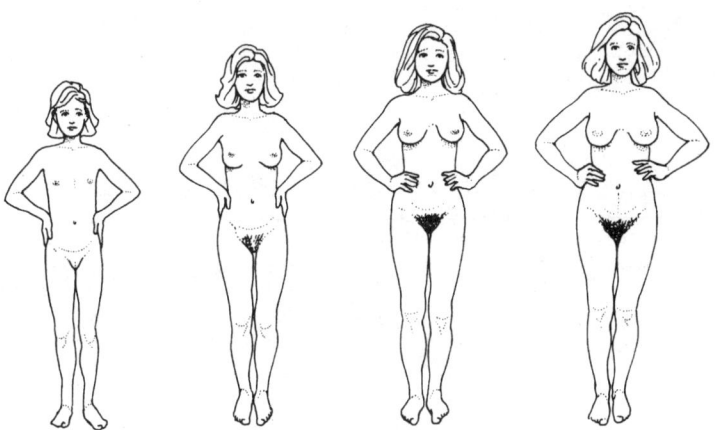

***Abb. 37:* Die Pubertät bei Mädchen.** Im Verlauf der Pubertät werden auch die Mädchen größer. Auf den Hüften, den Oberschenkeln und dem Gesäß lagert sich etwas Fettgewebe an, sodass sie eine rundlichere Form bekommen. Ihre Brüste entwickeln sich und im Genitalbereich und unter den Armen wachsen Haare.

Bei den meisten Mädchen ist das erste sichtbare Pubertätsmerkmal das Wachstum der Brust und der Schamhaare, bei einigen Mädchen wachsen aber auch die Achselhaare zuerst – manchmal kann das schon im Alter von sieben oder acht Jahren geschehen, bei anderen erst mit dreizehn oder sogar noch später, aber bei den meisten findet diese Veränderung im Alter zwischen achteinhalb und elf Jahren statt.

Der Busen

Das Innere der Brust besteht bei erwachsenen Frauen aus Fettgewebe, Milchdrüsen und Milchgängen (siehe Abbildung 38). Nach der Geburt eines Babys beginnt sich in den Milchdrüsen Milch zu bilden, die dann durch die Milchgänge zur Brustwarze

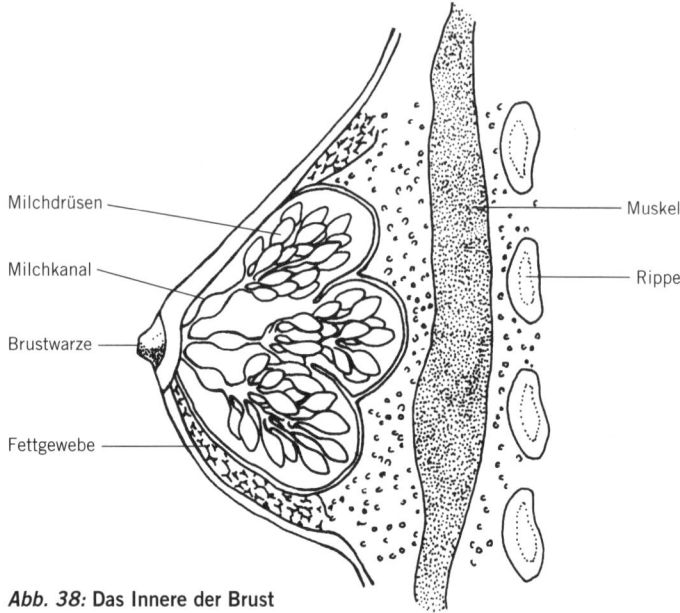

Milchdrüsen

Milchkanal

Brustwarze

Fettgewebe

Muskel

Rippe

Abb. 38: **Das Innere der Brust**

läuft. Diese hat ungefähr zwanzig winzige Öffnungen, und beim Stillen saugt das Baby so lange daran, bis die Milch austritt.

Wenn also der Busen in der Pubertät zu wachsen beginnt, macht sich der Körper des Mädchens bereit für eine Zeit, in der es ein Kind bekommt. Allerdings können die Brüste jetzt noch keine Milch bilden, sondern erst dann, wenn sie später als Frau ein Kind geboren hat.

Zu klein – zu groß?

In unserer Gesellschaft legen manche Leute sehr viel Wert auf einen großen Busen und tun so, als ob ein großer Busen besser wäre als ein kleiner, weshalb sich viele Mädchen (und auch Frauen) einen größeren Busen wünschen – ähnlich wie die Jungen und

Männer, die gerne einen größeren Penis hätten. Aber wie du weißt, hat die Penisgröße bei einem Mann nichts damit zu tun, wie männlich er ist, und genauso wenig hat die Größe des Busens bei einem Mädchen etwas damit zu tun, wie weiblich es ist. Kleine Brüste können später genauso gut Milch bilden wie große und sich auch genauso gut anfühlen, wenn sie berührt und gestreichelt werden. Ein kleiner Busen ist auch genauso schön wie ein großer, denn was man als schön empfindet, ist wie der Unterschied zwischen blonden oder braunen Haaren: Einigen Menschen gefällt eben ein großer Busen besser, anderen ein kleiner.

Die fünf Phasen der Brustentwicklung

Die Mediziner teilen das Wachstum der Brust in fünf Phasen ein (siehe Abbildung 39):

Phase 1: Kindheit

Das ist die Kindheitsphase vor der Pubertät. Die Brustentwicklung hat noch nicht begonnen, und die Brustwarzen sind der einzige Teil, der sich vom Körper abhebt.

Phase 2: Erste Brustknospen

In dieser Phase bildet sich unter den Brustwarzen eine kleine flache knopfartige Brustknospe, die Fettgewebe, Milchdrüsen und anderes Gewebe enthält. Diese Brustknospe hebt die Brustwarze etwas an, sodass diese sich vom Brustkorb abzuheben beginnt, und auch der Warzenhof wird jetzt größer.

Bei manchen Mädchen beginnt diese Phase schon mit sieben oder acht Jahren, bei anderen erst mit knapp 14 Jahren, aber die meisten Mädchen kommen im Alter zwischen achteinhalb und elf Jahren in Phase 2. Sie kann einige Monate, aber auch eineinhalb Jahre oder noch länger dauern.

Phase 3: Sichtbares Wachstum

In Phase 3 wachsen Brüste und Warzenhöfe weiter und stehen noch sichtbarer vom Brustkorb ab, auch die Brustwarzen werden größer. In dieser Phase sind die Brüste zwar fertig geformt, aber immer noch kleiner als im Erwachsenenalter.

Bei den meisten Mädchen geschieht dies im Alter zwischen zehn und 13 Jahren, manche sind aber auch jünger bzw. älter. Phase 3 kann einige Monate, aber auch bis zu zwei Jahre dauern.

Phase 4: Das Wachstum geht weiter

In Phase 4 setzt sich das Wachstum von Warzenhof und Brustwarzen fort. Die Brüste heben sich jetzt deutlich vom Brustkorb ab und sind meist spitz oder kegelförmig.

Einige Mädchen lassen Phase 4 aus und gehen direkt zu Phase 5 über, bei anderen entwickeln sich die Brüste nie über Phase 4 hinaus, und bei manchen heben sie sich erst in Phase 5 sichtbar vom Brustkorb ab.

Die meisten Mädchen kommen im Alter von zwölf bis 14 Jahren in Phase 4, die acht Monate bis zwei Jahre dauern kann. Aber wie bei den anderen Phasen gibt es auch manche Mädchen, die in dieser Phase noch jünger bzw. schon älter sind.

Phase 5: Erwachsenenalter

Die Brüste sind nun voll entwickelt, wachsen aber bei einigen Mädchen auch jetzt noch etwas weiter. Doch selbst wenn die Brüste jetzt ihre endgültige Größe erreicht haben, müssen sie trotzdem nicht groß sein, und es gibt viele Frauen, deren Brüste kleiner sind als die hier abgebildeten.

Die meisten Mädchen erreichen Phase 5 im Alter von 13 bis 16 Jahren, bei manchen beginnt sie aber auch schon früher bzw. später.

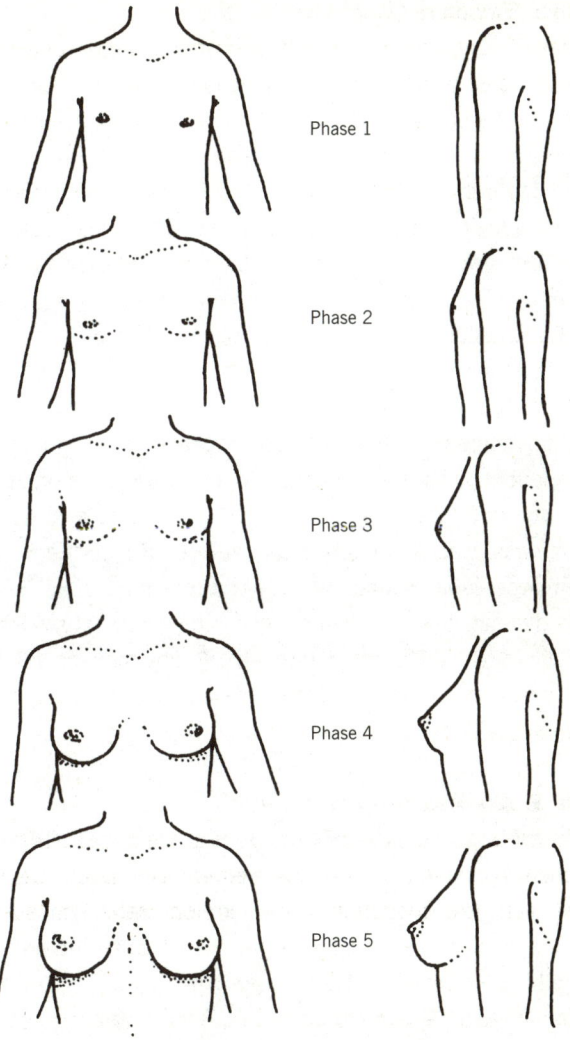

Phase 1

Phase 2

Phase 3

Phase 4

Phase 5

Abb. 39: Die fünf Phasen der Brustentwicklung

Die fünf Phasen der Schambehaarung

Wie bei der Brustentwicklung unterteilen die Mediziner auch das Wachstum der Schamhaare bei Mädchen in fünf Phasen, wie sie auf Abbildung 40 gezeigt sind:

Phase 1: Kindheit

In der Kindheitsphase gibt es noch keine Schamhaare. Vielleicht hast du stattdessen einige feine kurze Härchen auf der Vulva, aber die sind dann ebenso hell und weich wie das Haar, das auf dem Bauch oder an anderen Körperstellen wächst.

Phase 2: Das Wachstum beginnt

Jetzt beginnen sich die ersten Schamhaare zu zeigen. Sie sind gerade oder nur ganz leicht geringelt und kaum dunkler, aber etwas härter und länger als die feinen Härchen aus Phase 1. Diese ersten Haare wachsen in der Regel auf den Rändern der großen Schamlippen und es sind auch meist nur wenige.

Bei den meisten Mädchen wachsen die ersten Schamhaare im Alter zwischen achteinhalb und elf Jahren, manche Mädchen sind aber auch jünger oder älter. Phase 2 dauert normalerweise neun bis 16 Monate.

Phase 3: Das Wachstum geht weiter

In dieser Phase wächst das Schamhaar auf dem Venushügel und den großen Schamlippen – die meisten kannst du jetzt in der Mitte des Venushügels finden. Im Vergleich zur ersten Phase sind es jetzt schon mehr Haare, aber immer noch nicht sehr viele, und sie sind auch dunkler und stärker geringelt als vorher.

Phase 3 kann einige Monate, zwei Jahre oder auch noch länger dauern.

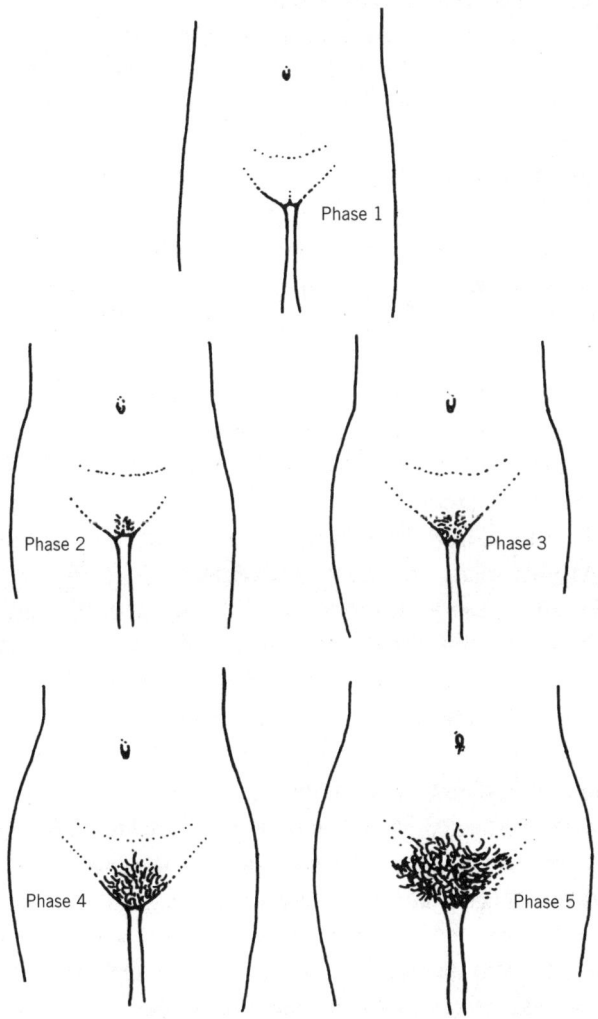

Abb. 40: **Die fünf Phasen der Schambehaarung**

Phase 4: Das Wachstum setzt sich fort

In dieser Phase gibt es bereits sehr viel mehr Schamhaare als in Phase 3, das jetzt den größten Teil des Venushügels bedeckt. Die einzelnen Haare sind dunkel, kraus und drahtig geworden, und man kann nun schon die endgültige Form des auf den Kopf stehenden Dreiecks erkennen. In der Regel dauert Phase 4 sieben Monate bis zu zwei Jahre oder auch länger.

Phase 5: Das Wachstum ist abgeschlossen

Jetzt hat das drahtig-krause Schamhaar eine deutlich erkennbare Dreiecksform und kann sich auf beiden Seiten bis zu den Oberschenkeln ausdehnen, bei manchen Frauen reicht es sogar bis zum Bauchnabel oder zu den Oberschenkeln.

Der Wachstumsschub

Wie bei den Jungen findet auch bei den Mädchen in der Pubertät ein Wachstumsschub statt – sie werden in dieser Zeit schnell größer und schwerer, aber im Gegensatz zu den Jungen gibt es bei ihnen keinen Kraftschub.

Vor der Pubertät wächst ein Mädchen durchschnittlich nur etwa fünf Zentimeter pro Jahr, aber mit Beginn des Wachstumsschubs erhöht sich das Tempo plötzlich rasant, bis es sich fast verdoppelt hat, sodass sie in dieser Zeit jährlich um fast zehn Zentimeter größer werden können. Im Durchschnitt wächst ein Mädchen während des gesamten Wachstumsschubs, der in der Regel drei bis vier Jahre dauert, um 22 bis 23 Zentimeter.

Da der pubertäre Wachstumsschub bei den Jungen meist erst etwa zwei Jahre später als bei den Mädchen erfolgt, sind elf- bis zwölfjährige Mädchen oft größer als gleichaltrige Jungen, die die Mädchen dann aber ein paar Jahre später wieder einholen.

Auch die Körperform eines Mädchens verändert sich im Lauf

der Pubertät: Die Hüften werden breiter, und es entsteht etwas Fettgewebe auf den Hüften, dem Gesäß und den Oberschenkeln, sodass der Körper runder und weiblicher wird. Dann verändert sich auch das Gesicht, aber nicht so stark wie bei den Jungen.

Haare, Pickel und andere Veränderungen

Auch bei Mädchen wachsen in der Pubertät Haare in den Achselhöhlen und auf den Armen und Beinen. Einige Mädchen rasieren sich dann ihre Beine und die Achselhöhlen, oder sie entfernen die Haare mit Cremes, Wachs und anderen Mitteln.

In der Pubertät werden bei den Mädchen auch die Schweiß- und Talgdrüsen im Genitalbereich und Gesicht, auf dem Nacken und den Schultern aktiv, sodass sich der Körpergeruch verändert, und viele Mädchen benutzen deshalb ein Deodorant. Auch Pickel und Akne können jetzt für Mädchen zum Problem werden, obwohl sie meist weniger stark davon betroffen sind als Jungen.

Die äußeren Geschlechtsorgane

Wie bei den Jungen verändern sich in der Pubertät natürlich auch bei den Mädchen die Geschlechtsorgane (Abbildung 2, Seite 30, zeigt die äußeren Geschlechtsorgane einer erwachsenen Frau). Zuerst wachsen die Schamhaare auf dem Venushügel und den großen Schamlippen, dann wird die Fettschicht auf dem Venushügel dicker und schließlich werden die großen und kleinen Schamlippen größer, faltiger und dunkler. Auch die Harnröhrenöffnung, die Scheidenöffnung und die Klitoris werden größer.

Wie du dich auch vielleicht noch aus Kapitel 1 erinnerst, wird der Kopf der Klitoris von einem Häubchen bedeckt. Dieses Häubchen wird von den Hautfalten an der Stelle gebildet, wo sich die kleinen Schamlippen treffen, während der Rest der Klitoris unter der Hautfalte verborgen liegt (siehe Abbildung 2, Seite 30). Der

Kopf der Klitoris besteht aus einem kleinen, festen rosafarbenen Gewebestück, das bei erwachsenen Frauen etwa so groß ist wie der Radiergummi auf einem Bleistift, und wie der Penis reagiert auch die Klitoris sehr stark auf Berührung, Streicheln und sexuelle Fantasien.

Masturbieren

Wie du weißt, masturbieren die meisten Jungen, indem sie ihren Penis berühren, reiben oder streicheln, wodurch sexuelle Lustgefühle erzeugt werden. Mädchen masturbieren in der Regel, indem sie ihre Klitoris und den Bereich um die Klitoris reiben oder streicheln. Der Orgasmus ist bei Frauen und Mädchen in mancher Hinsicht gleich, d. h., die sexuelle Spannung entlädt sich im Orgasmus, aber im Gegensatz zu Männern und Jungen gibt es bei ihnen keinen Samenerguss, sondern Vulva und Scheide werden feucht.

Das Jungfernhäutchen (Hymen)

Auch das Jungfernhäutchen – ein dünnes Häutchen in der Scheidenöffnung – wird in der Pubertät dicker und dadurch besser sichtbar. Manche Jungfernhäutchen sind nur ein schmaler Geweberand, der wie ein Ring an der Scheidenöffnung aussieht, andere bedecken fast die ganze Scheidenöffnung und haben eine oder mehrere Öffnungen (siehe Abbildung 41).

Beim ersten Geschlechtsverkehr verursacht der erigierte Penis meist eine Dehnung des Jungfernhäutchens, oder er reißt es etwas ein. Dabei kann ein wenig Blut fließen, und das Dehnen kann sich auch kurzzeitig etwas unangenehm oder schmerzhaft anfühlen, aber das dauert nicht lange. Danach besteht das Jungfernhäutchen häufig nur noch aus einigen Gewebestückchen oder einem unebenen Geweberand. Manche glauben auch, dass Reiten, Gymnastik oder andere Sportarten zum Dehnen oder Einreißen

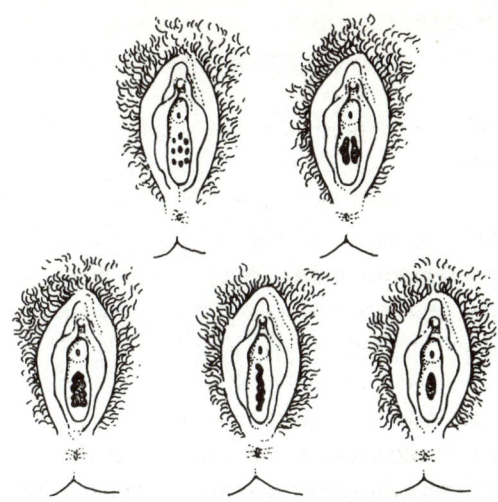

Abb. 41: **Das Jungfernhäutchen.** Das Jungfernhäutchen kann ein bis zwei größere oder mehrere kleine Öffnungen haben.

des Jungfernhäutchens führen können, aber neuere Untersuchungen haben gezeigt, dass das nicht stimmt.

Ob ein Mädchen noch Jungfrau ist oder ob es schon einmal Geschlechtsverkehr hatte, lässt sich aufgrund des Zustands des Jungfernhäutchens nicht sicher sagen: Ein unversehrtes Jungfernhäutchen kann zwar ein Hinweis darauf sein, dass das Mädchen noch keinen Sex gehabt hat, ist aber kein Beweis, denn manche Mädchen haben bereits Geschlechtsverkehr, ohne dass ihr Jungfernhäutchen sich dabei dehnt oder einreißt. Das Gleiche gilt auch umgekehrt: Ein gedehntes oder eingerissenes Jungfernhäutchen lässt zwar vermuten, dass das Mädchen bereits Sex gehabt hat, bei manchen Mädchen sieht das Jungfernhäutchen aber auch gedehnt oder eingerissen aus, obwohl sie noch nie Geschlechtsverkehr hatten.

Die inneren Geschlechtsorgane

Zu den weiblichen inneren Geschlechtsorganen (siehe Abbildung 42) gehören die

- *Eierstöcke:* Hier befinden sich die Eizellen.
- *Eileiter:* Das sind die schlauchförmigen Gänge zwischen den Eierstöcken und der Gebärmutter, durch die die Eizellen auf ihrem Weg zur Gebärmutter wandern.
- *Gebärmutter:* Hier wächst das Baby in den neun Monaten einer Schwangerschaft. Die Gebärmutter wird auch Uterus genannt.
- *Gebärmutterschleimhaut:* Das ist die dicke Auskleidung der Gebärmutter, die bei jeder Periode ausgestoßen wird. Bei einer Schwangerschaft nistet sich hier das befruchtete Ei ein.
- *Gebärmutterhals:* Er ist der untere Teil der Gebärmutter, der sich nach oben hin zur Gebärmutter ausweitet.
- *Gebärmutterhalskanal:* Das ist der enge Tunnel mitten im Gebärmutterhals, der von der Scheide zur Gebärmutter führt.
- *Scheide:* Das ist der muskulöse, schlauchartige Kanal, der von der Vulva zum Gebärmutterhals führt.

In der Pubertät beginnen die inneren Geschlechtsorgane zu wachsen: Die Scheide wird fast doppelt so groß, bis sie schließlich sieben bis zwölf Zentimeter lang ist (wie du dich vielleicht erinnerst, ist der erigierte Penis durchschnittlich etwa 15 cm lang, aber die Scheide ist sehr elastisch und dehnbar, sodass der Penis beim Geschlechtsverkehr genau in die Scheide passt). Auch die Eierstöcke und die Eileiter werden größer – bei erwachsenen Frauen haben die Eierstöcke meist die Größe und Form einer großen Mandel, die Eileiter sind sieben bis zehn Zentimeter lang und etwa so dick wie eine Spaghetti-Nudel. Gebärmutter und Gebärmutterhals wachsen jetzt ebenfalls, und auch die Form

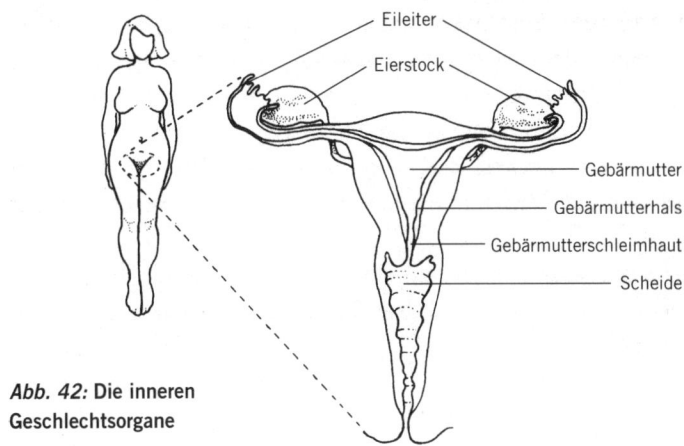

Eileiter

Eierstock

Gebärmutter

Gebärmutterhals

Gebärmutterschleimhaut

Scheide

Abb. 42: **Die inneren Geschlechtsorgane**

der Gebärmutter ändert sich: Bei Mädchen ist sie noch schlauchförmig, bei erwachsenen Frauen hat sie die Form einer auf dem Kopf stehenden Birne und ist auch etwa ebenso groß.

Eisprung und Menstruation

Männer können von der Pubertät an lebenslang immer wieder neue Spermien bilden. Bei Frauen ist das anders, denn sie werden schon mit allen Eizellen geboren, die ihnen lebenslang zur Verfügung stehen. Diese Eizellen sind bei der Geburt allerdings noch nicht ganz ausgereift, sondern das geschieht erst in der Pubertät, wenn ein Mädchen einige Zeit nach Beginn der Pubertät seinen ersten Eisprung hat, d. h., wenn zum ersten Mal eine Eizelle aus dem Eierstock freigesetzt wird und damit von den männlichen Samenzellen befruchtet werden kann. Erwachsene Frauen haben in der Regel einmal pro Monat einen Eisprung, bei Mädchen in der Pubertät kann es dagegen noch zwei bis drei Jahre dauern, bis sie einen regelmäßigen Eisprung haben.

Bevor die Eizelle den Eierstock verlässt, bereitet sich die Gebärmutter auf eine mögliche Schwangerschaft vor, indem sie eine dicke Schleimhautschicht aufbaut, in die sich die Eizelle einnistet, sofern sie befruchtet wurde. In dieser Schicht bilden sich auch neue Blutgefäße, damit die eingenistete Eizelle mit ausreichend Blut versorgt wird, und hier werden auch die Nährstoffe gebildet, die das befruchtete Ei in der frühen Schwangerschaftsphase ernähren.

Meist aber wird die Eizelle nicht befruchtet und nistet sich demzufolge auch nicht in der Gebärmutterschleimhaut ein, sondern löst sich einfach auf, sobald sie die Gebärmutter erreicht hat. Und da die Eizelle nicht befruchtet wurde, wird auch die neu gebildete Gebärmutterschleimhaut nicht gebraucht. Deshalb beginnt die Gebärmutter etwa eine Woche, nachdem sich die Eizelle aufgelöst hat, die Schleimhaut wieder abzustoßen. Dabei lösen sich kleine Schleimhautstücke von der Gebärmutterwand, zerfallen und werden immer flüssiger. Diese Flüssigkeit, die auch Menstruationsflüssigkeit genannt wird, sammelt sich nun unten in der Gebärmutter, tropft von dort aus in die Scheide und fließt schließlich langsam aus der Scheidenöffnung (siehe Abbildung 43) – dann sagt man, dass ein Mädchen seine Monatsblutung, Periode oder »Tage« hat. Die Periode kann drei bis sieben Tage dauern, der Durchschnitt liegt aber bei fünf Tagen. Während der gesamten Periode verliert ein Mädchen etwa 50 bis 70 ml Blut.

Wenn ein Mädchen seine Periode bekommt, trägt es Binden oder Tampons, um das Blut darin aufzufangen. Binden bestehen aus saugfähigem Material und werden auf der Innenseite des Slips getragen. Tampons sind saugfähige Baumwollstöpsel, die in die Scheide eingeführt werden (siehe Abbildung 44).

Die meisten Mädchen bekommen ihre erste Periode im Alter von zwölf oder 13, es gibt aber auch Mädchen, die sie schon mit neun Jahren, und andere, die sie erst mit 16 Jahren haben.

Der Monatszyklus

Als Monatszyklus bezeichnet man die Zeit, die zwischen zwei Monatsblutungen liegt, das heißt, der erste Tag der Periode ist auch der erste Tag des Monatszyklus, und ein vollständiger Zyklus dauert vom ersten Tag der Periode bis zum ersten Tag der nächsten Periode (siehe Abbildung 45).

Die Zykluslänge variiert von Frau zu Frau und kann auch bei einer einzelnen Frau unterschiedlich lange dauern. Der Durchschnitt beträgt etwa 28 Tage, aber es gibt nur wenige Frauen, bei denen der Zyklus über viele Jahre tatsächlich immer genau 28 Tage beträgt. Bei erwachsenen Frauen liegt er meist zwischen 21 und 35 Tagen. So kann zum Beispiel der Zyklus einer Frau einmal 27 Tage dauern, beim nächsten können es dann 29 Tage sein und beim darauf folgende Zyklus vielleicht 30 oder 28 Tage.

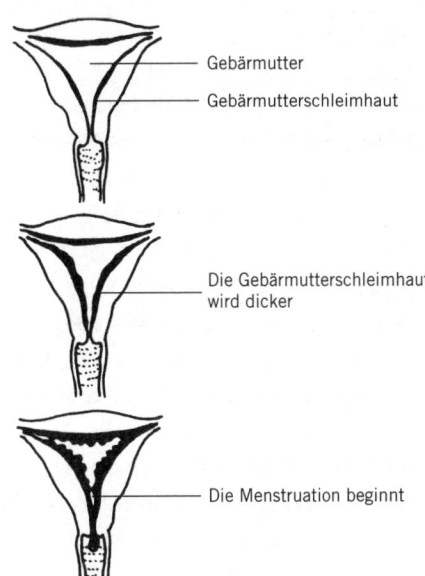

Abb. 43: **Die Menstruation.** Während sich im Eierstock ein reifes Ei auf den Weg in die Gebärmutter macht, wird die Gebärmutterschleimhaut immer dicker. Wird die Eizelle nicht befruchtet, baut sich die Gebärmutterschleimhaut wieder ab und wird abgestoßen – die Menstruation beginnt.

Gebärmutter

Gebärmutterschleimhaut

Die Gebärmutterschleimhaut wird dicker

Die Menstruation beginnt

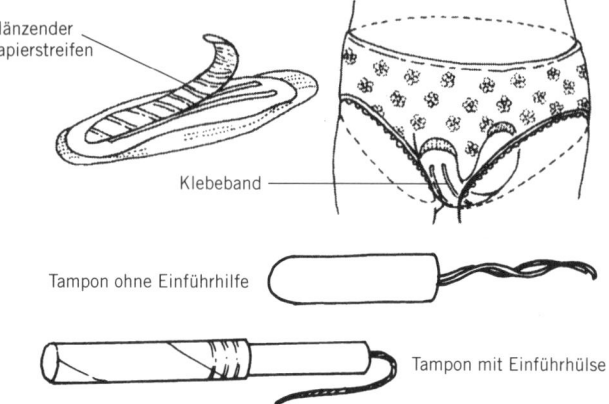

Glänzender
Papierstreifen

Klebeband

Tampon ohne Einführhilfe

Tampon mit Einführhülse

Abb. 44: **Binden und Tampons.** Die Menstruationsflüssigkeit wird mit Binden oder Tampons aufgefangen. Die meisten Binden haben einen Papierstreifen, der zuerst abgezogen wird, ehe die Binde mit der Klebeseite nach unten in den Schritt des Slip gedrückt wird. Tampons sind saugfähige Stöpsel, die mit oder ohne Einführhilfen in die Scheide eingeführt werden.

Meist ist der Monatszyklus im Alter zwischen 20 und 40 Jahren am regelmäßigsten.

Diese Monatszyklen gehen allerdings nicht bis ans Lebensende weiter. Im Alter zwischen 45 und 55 Jahren hört dieser regelmäßige Monatszyklus ganz langsam wieder auf, denn dann produzieren die Eierstöcke nicht mehr jeden Monat eine reife Eizelle. Dann findet auch kein Eisprung mehr statt und irgendwann hört die Periode ganz auf. Diese Zeit im Leben einer Frau nennt man Wechseljahre oder Menopause.

Die Rolle der Hormone

Hormone sind chemische Botenstoffe, die an bestimmten Stellen des Körpers produziert und über den Blutkreislauf zu den verschiedenen Organen transportiert werden, wo sie dem jeweiligen

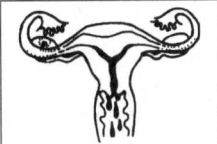

Tage 1–5: In den ersten fünf Tagen des Monatszyklus wird die Gebärmutterschleimhaut abgestoßen, und man hat seine Periode. Gleichzeitig entwickeln sich die neuen Eizellen.

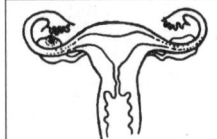

Tage 6–13: In diesen Tagen werden die Eizellen immer reifer. Die Gebärmutterschleimhaut beginnt sich zu verdicken und mit Nährstoffen anzureichern.

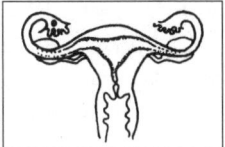

Tag 14: Bei einem typischen 28-Tage-Zyklus findet an diesem Tag der Eisprung statt.

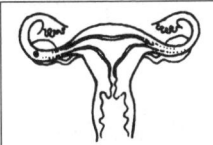

Tage 14–19: In diesen Tagen wird die Eizelle durch den Eileiter zur Gebärmutter transportiert. Die Gebärmutterschleimhaut wird noch dicker.

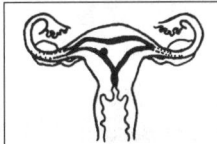

Tag 20: Die Eizelle errreicht die Gebärmutter.

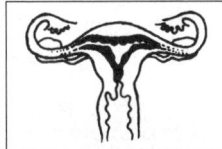

Tag 21–28: Wenn die Eizelle nicht befruchtet wurde, löst sie sich auf, und die Gebärmutterschleimhaut wird abgestoßen. Die Blutung beginnt am 29. Tag des alten bzw. am ersten Tag des nächsten Zyklus.

Abb. 45: **Typischer Monatszyklus.** Ein typischer Monatszyklus dauert 28 Tage, die Dauer eines Monatszyklus kann aber auch erheblich länger oder kürzer sein. Junge Mädchen, die gerade erst mit der Menstruation begonnen haben, haben häufig unregelmäßige Monatszyklen.

Organ »sagen«, was es zu tun hat, damit alles reibungslos funktioniert.

Hormone spielen bei fast allen Veränderungen in der Pubertät eine wichtige Rolle, egal, ob es sich dabei um das Wachstum der Knochen, die Entwicklung der Genitalien oder der Schamhaare, um Pickel oder um Körpergeruch handelt. Die weiblichen Hormone Östrogen und Progesteron sind aber auch für die Regulierung des weiblichen Monatszyklus verantwortlich: Zu Beginn jedes Zyklus sendet die Hirnanhangdrüse ein Hormon zu den Eierstöcken, in denen sich die Eizellen befinden. Dieses Hormon löst die Reifung einiger Eizellen aus, was zur Folge hat, dass sich der Östrogenspiegel im Blut erhöht und die Gebärmutter verändert: In der Gebärmutterschleimhaut bilden sich neue Blutgefäße und die Schleimhaut verdickt sich, damit bei einer möglichen späteren Schwangerschaft der Embryo durch diese Schleimhaut ernährt werden kann. Nach dem Eisprung beginnen die Eierstöcke dann mit der Bildung eines weiteren Hormons, dem Progesteron, das wiederum den Prozess der Menstruation einleitet, sofern keine Befruchtung stattgefunden hat.

Bauchkrämpfe und andere Beschwerden

Die Menstruation wird häufig von Bauchschmerzen begleitet. Meist sind die Schmerzen nur schwach bis mittelstark, aber etwa zehn Prozent aller Mädchen und Frauen haben kurz vor und während der Periode so starke Bauchkrämpfe, dass sie nicht mehr zur Schule oder zur Arbeit gehen können. Die Krämpfe können stechend, drückend oder dumpf sein und sehr plötzlich, in Wellen oder ständig auftreten und setzen meist mit Beginn der Periode ein, können aber auch schon etwa einen Tag vor oder nach dem Einsetzen der Blutung auftreten und dauern oft zwei bis drei Tage. Manche Frauen und Mädchen leiden dann auch unter Übelkeit, Erbrechen oder Verdauungsbeschwerden, andere fühlen sich an diesen Tagen besonders müde oder haben Kopfschmerzen.

Was ist PMS (Prämenstruelles Syndrom)?

Vor allem vor und während der Periode gibt es aber nicht nur körperliche Veränderungen, sondern auch mehr oder weniger starke Stimmungsschwankungen, die sehr unterschiedlich sein können.

Manche Mädchen und Frauen haben während der Periode besonders viel Energie, andere bekommen an diesen Tagen einen richtigen Putzfimmel, und wieder andere haben dann ihre Heultage oder sind plötzlich ständig gereizt und gehen schon beim geringsten Anlass in die Luft.

Kapitel 9
Sexualität und Gefühle

»Ist das normal, wenn man nur noch an Mädchen und Sex denken kann und zweimal täglich onaniert?«

Anonym, aus dem Fragekasten

Diese und ähnliche Fragen werden häufig gestellt, denn viele Jungen erleben in der Pubertät zum ersten Mal starke sexuelle Gefühle, indem sie sich eine leidenschaftliche Affäre mit jemandem wünschen, sexuelle Fantasien haben, öfter masturbieren und/oder sich zum ersten Mal verlieben. Diese Gefühle können sehr stark sein und manchen Jugendlichen kommt es dann so vor, als ob sie nur noch an Liebe und Sex denken können. Aber solche Gefühle sind völlig normal und viele junge Menschen in diesem Alter erleben genau das Gleiche.

Umgekehrt gibt es aber auch Jungen, die sich mehr aus Sport, Schule, Musik oder anderen Themen machen und dann irritiert sind, dass sie sich weder für Mädchen noch für Sex interessieren, so wie dieser Junge:

»Meine Freunde reden immer nur von Mädchen und Sex, aber mich interessiert dieses ganze romantische Zeug nicht. Kann es sein, dass mit mir irgendwas nicht stimmt?«

Anonym, aus dem Fragekasten

Aber auch darum braucht man sich keine Gedanken zu machen, denn so, wie es für jeden in der Pubertät den eigenen Zeitplan für die körperlichen Veränderungen gibt, hat auch jeder seinen eigenen Zeitplan für Verliebtsein und sexuelles Interesse. Du musst dir also keine Sorgen machen, wenn alle andern in deinem Alter ständig verliebt sind, du aber nicht, denn du hast noch so viel Zeit vor dir.

Weil sich so viele Teenager auf die eine oder andere Weise mit diesem Thema beschäftigen, wollen wir in diesem Kapitel über Verliebtsein und andere Gefühle sprechen, aber zunächst noch ein paar Worte über Freundschaft zwischen Jungen und Mädchen sagen.

Freundschaft mit Mädchen – geht das?

Niemand findet etwas daran, wenn kleine Jungen und Mädchen zusammen spielen, die besten Freunde sind und beim anderen übernachten. Aber das ändert sich, wenn man in die Pubertät kommt, denn dann ist es auf einmal überhaupt nicht mehr in Ordnung, wenn man als Junge bei seiner besten Freundin übernachtet oder umgekehrt. Und das wird meist damit begründet, dass man jetzt mehr als »nur Freunde« sein könnte, so wie uns dieses Mädchen erzählt hat:

»Ich wollte letzten Samstag zu Pauls Party gehen, aber mein Bruder hat mich dauernd aufgezogen: ›Du bist ja in Paul verliebt, du bist ja in Paul verliebt.‹ Es stimmt zwar, dass ich Paul mag, aber doch nicht so, und ich find es bescheuert, dass man auf einmal mit einem Jungen nicht mehr einfach nur befreundet sein kann. Als ob man immer gleich verliebt sein müsste!«   *Anne, 13 Jahre*

Und ein Junge, der seit vielen Jahren mit einem Mädchen befreundet war, schrieb uns:

»Neulich war ich mal wieder bei Tina und wollte eigentlich wie früher bei ihr übernachten. Aber das haben zwei Mädchen aus meiner Klasse, die gleich nebenan wohnen, mitgekriegt und ganz blöd reagiert: ›Ach, du spielst noch mit Mädchen? Das ist ja komisch.‹ Da war ich ganz verunsichert.«
Daniel, 11 Jahre

Viele Teenager beklagen sich über diese Art von Kommentaren oder darüber, dass andere annehmen, ein Freund oder eine Freundin sei mehr als nur das. Deshalb hier ein paar Tipps:

- Ignorier das Aufziehen und die Gerüchte. Wen interessiert es eigentlich, ob andere denken, dass du in deine Freundin verliebt bist?
- Erklär den Leuten, dass ihr nur befreundet seid und warum du es gut findest.
- Sprich mit deiner Freundin darüber, damit das Aufziehen und die Gerüchte keinen Keil zwischen euch treiben können.

Kurz: Lass dir durch das Gerede über eine »Liebesbeziehung« nicht deine Freundschaft mit einem Mädchen verderben.

Erste Liebe

Natürlich gibt es in der Pubertät aber auch noch ein ganz anderes Interesse an Mädchen. Viele Jungs verlieben sich jetzt zum ersten Mal richtig und das ist sehr aufregend und schön. Manchmal kann dann schon das Denken an den anderen die Stimmung enorm heben, oder man träumt, wie aus der Verliebtheit eine richtige Liebesbeziehung werden könnte.

Manchmal verlieben sich Jungen auch in jemanden, der ihre Zuneigung wahrscheinlich nicht erwidern wird, etwa in eine Popsängerin, eine Lehrerin oder in die Freundin des älteren Bruders oder der älteren Schwester. Auch das kann eine gute Möglichkeit sein, die eigenen Gefühle besser kennen zu lernen, denn auch wenn man es vielleicht nicht wahrhaben will, weiß man ja eigentlich schon, dass dieser Mensch unerreichbar ist, und man kann träumen, wie und was man will. Sich in jemand Unerreichbaren zu verlieben ist also ein guter Test für später, kann manchmal aber auch zu einer schmerzlichen Erfahrung werden, doch solche Fälle sind relativ selten. Meist verlieben sich Jungen in Mädchen, die vom Alter her ähnlich sind, und wenn das Interesse gegenseitig ist, umso besser. Aber was tun, wenn man sich für ein Mädchen interessiert, ohne zu wissen, was es über einen denkt?

In diesem Fall gibt es grundsätzlich zwei Möglichkeiten: Du kannst es selbst herausfinden oder eine Freundin oder einen Freund bitten, es für dich zu tun. Wenn du dich für Letzteres entscheidest, solltest du dir allerdings jemanden suchen, dem du wirklich vertrauen kannst, denn schließlich willst du ja nicht, dass gleich jeder davon erfährt. Außerdem weißt du dann nicht, was wirklich geredet wird.

Nehmen wir an, du möchtest, dass dein Freund dem Mädchen gegenüber nur beiläufig deinen Namen erwähnt, um zu sehen, wie sie darauf reagiert. Aber wenn er es falsch anfängt, könnte sich das, was er sagt, so anhören, als wärst du schrecklich in das Mädchen verliebt. Und selbst wenn er es richtig macht, könnte es der Betreffenden peinlich sein, mit jemand anders über ihre Gefühle für dich zu sprechen, obwohl sie ja eigentlich auf dich steht, und du erfährst gar nichts.

Was ist Homosexualität?

Manchmal verlieben sich Menschen auch in Personen des eigenen Geschlechts, was man als homosexuell bezeichnet (»homo« heißt auf griechisch »gleich«). Viele Jungen und Mädchen erleben im Verlauf der Pubertät homosexuelle Gefühle oder machen sogar homosexuelle Erfahrungen. Wenn du das von dir selbst kennst, ist das vielleicht verwirrend für dich, oder du hast Angst, dass Homosexualität falsch oder anormal sein könnte. Dann ist es vielleicht hilfreich, wenn du einige grundsätzliche Dinge über Homosexualität weißt.

Fast jeder hat irgendwann einmal homosexuelle Wünsche und Fantasien oder macht homosexuelle Erfahrungen, ohne dass er wirklich homosexuell ist, denn die meisten haben dann doch irgendwann Partner des anderen Geschlechts, sind also heterosexuell (»hetero« heißt »anders beschaffen, ungleich«). Als echte Homosexuelle bezeichnet man deshalb nur die Menschen, die auch später ausschließlich gleichgeschlechtliche Beziehungen haben, das sind etwa zehn Prozent aller Erwachsenen.

Homosexualität betrifft Männer wie Frauen, wobei weibliche Homosexuelle als Lesben bezeichnet werden. In der Geschichte hat es schon immer Homosexuelle gegeben, darunter auch viele berühmte Menschen, und das in allen Gesellschaftsschichten, Nationen und Religionen.

Was ist bisexuell?

Bisexuelle sind Menschen, die sich gleich stark zu beiden Geschlechtern hingezogen fühlen und deren sexuelle Aktivitäten sowohl Partner des anderen als auch des gleichen Geschlechts einschließen.

Früher glaubte man, dass Homosexualität moralisch verwerflich oder anormal sei, und auch heute noch gibt es Menschen, die Homosexualität ablehnen, aber sie werden glücklicherweise immer weniger. Wir sind der Meinung, dass Homosexualität die persönliche Angelegenheit jedes Einzelnen und völlig normal und in Ordnung ist.

Bin ich homosexuell?

Diese Frage bewegt mehr Jugendliche, als man vielleicht denkt, und viele wissen dann nicht, an wen sie sich wenden können. Deshalb wollen wir hier auf die häufigsten Fragen eingehen, die uns in Leserbriefen immer wieder erreichen:

»Wenn man in der Pubertät homosexuelle Wünsche hat oder wenn man schon homosexuelle Erfahrungen gemacht hat, ist man dann auch als Erwachsener automatisch schwul?«

Daniel, 14 Jahre

Wenn du als Teenager homosexuelle Neigungen hast, bedeutet das nicht, dass du auch als Erwachsener automatisch homosexuell sein wirst.

Wir haben mit zahlreichen homosexuellen Erwachsenen über ihre Neigungen während der Pubertät gesprochen und viele verschiedene Antworten bekommen. Einige fühlten sich von Anfang an zu gleichgeschlechtlichen Partnern hingezogen, andere waren in dieser Zeit heterosexuell, und wieder andere hatten als Teenager überhaupt kein großes sexuelles Interesse – weder in der einen noch in der anderen Richtung. Bei unserer Umfrage gab es aber auch eine Reihe homosexueller Erwachsener, die schon als Teenager wussten, dass sie homosexuell waren. Einige sagten sogar, dass sie es schon als kleine Kinder gewusst hätten.

Wenn du noch Fragen dazu hast oder mehr Informationen über Homosexualität haben möchtest, findest du im Anhang auf den Seiten 214 und 216 einige Bücher zu diesem Thema sowie Adressen, an die du dich wenden kannst.

Die erste Freundin

Die meisten Jungen in der Pubertät verlieben sich irgendwann und schweben dann »auf Wolke sieben«, wenn das Mädchen signalisiert, dass es auch verliebt ist. Aber was tun, wenn deine Angebetete dich zurückweist?

Wenn du sie mehrmals gefragt hast, ob sie mit dir weggeht, und die Antwort immer wieder »nein« ist, musst du vermutlich der Tatsache ins Auge sehen, dass sie einfach kein Interesse an dir hat. Manchmal ist es allerdings nicht ganz einfach zu beurteilen, wann es sinnvoll ist aufzugeben, und hängt sicher auch davon ab, wie das Mädchen auf deine Annäherungsversuche reagiert. Wenn sie dir sagt, dass sie schon mit jemandem geht oder dass sie kein Interesse an dir hat, ist das ziemlich deutlich und dann solltest du sie auch nicht weiter fragen. Wenn sie dir aber beispielsweise sagt: »Tut mir Leid, aber ich habe morgen keine Zeit«, könntest du es eventuell noch einmal versuchen – vielleicht will sie ja mit dir weggehen, hat aber wirklich keine Zeit. Und wenn du es schon öfter versucht hast und sie dir jedes Mal die gleiche Antwort gegeben hat, kannst du ja auch so etwas sagen wie: »Melde du dich doch einfach, wenn du mal Zeit hast«, und es dann dabei belassen. Auf diese Weise bleibt dem Mädchen die Wahl, dein Angebot anzunehmen oder auch nicht.

Was aber, wenn die Annäherungsversuche bei verschiedenen Mädchen immer wieder misslingen? Manche Jungen sind dann schrecklich entmutigt und glauben irgendwann, dass mit ihnen irgendetwas nicht stimmt. Aber bevor du diesen Gedanken bei dir zulässt, überleg einen Moment. Vielleicht waren es ja die falschen Mädchen, die du angesprochen hast. Vor allem die, die am besten aussehen oder am beliebtesten sind, bekommen zwar oft die meisten Angebote, aber die Tatsache, dass jemand beliebt ist und gut aussieht, bedeutet nicht unbedingt, dass du dich mit ihr auch wirklich wohl fühlen würdest und ihr zusammen passt. Manchmal ist es auch hilfreich, einen gemeinsamen Freund zu bitten, ein paar Dinge zu klären, bevor du das Mädchen selbst ansprichst. Wenn dein Freund dann herausfindet, dass kein Interesse besteht, erspart dir das die Enttäuschung einer Ablehnung.

Aber selbst wenn alles klappt und du glücklich verliebt bist, kann es immer noch Probleme geben, nämlich dann, wenn du mit deiner Freundin weggehen willst, aber deine Eltern dagegen sind. Dann gibt es drei Möglichkeiten:

1. Du gehst trotzdem heimlich mit ihr weg.
2. Du hältst dich an das Verbot.
3. Du versuchst, die Meinung deiner Eltern zu ändern.

Das Hintergehen der Eltern ist wahrscheinlich die schlechteste Lösung, denn wenn's herauskommt, kann es ziemlichen Ärger geben, und deine Eltern werden dir danach vermutlich weniger vertrauen. Doch selbst wenn du nicht erwischt wirst, fühlst du dich wegen der Lüge wahrscheinlich ziemlich unwohl, und Schuldgefühle sind nicht besonders lustig. Man sollte sich deshalb immer fragen, ob das heimliche Weggehen wirklich den Preis wert ist, den man eventuell dafür zahlen muss.

Auf der anderen Seite kann es ganz schön schwer sein, das Verbot einfach zu akzeptieren und zu warten, bis die Eltern endlich nicht mehr dagegen sind – vor allem, wenn du schon eine Freundin hast. Aber wie die meisten Eltern wollen sie ja vermutlich nicht einfach nur gemein sein, sondern dich vor etwas bewahren, das nach ihrer Meinung eine Nummer zu groß für dich sein könnte, vor allem, wenn du noch sehr jung bist. Vielleicht haben sie Recht, vielleicht liegen sie aber auch falsch.

Wenn deine Eltern dagegen sind, dann schau doch mal, ob die meisten Jungen und Mädchen in deinem Alter schon weggehen dürfen. Wenn deine ehrliche Antwort dann »nein« ist, könnte Warten vielleicht doch die beste Lösung sein. Aber wenn du das Gefühl hast, deine Eltern sind zu streng oder zu altmodisch, könntest du auch die dritte Möglichkeit überlegen, nämlich die Meinung deiner Eltern zu ändern. Das kann zwar mitunter ziemlich schwierig sein, aber es ist zumindest einen Versuch wert. Frag sie am besten ganz direkt, warum sie sich Sorgen machen, und vielleicht könnt ihr dann einen Kompromiss finden.

Verliebtsein und Liebe

»Viele in meiner Klasse sind dauernd verliebt, aber wie weiß man eigentlich, wann es wirklich Liebe ist?«

Markus, 15 Jahre

Auch diese Frage wird uns oft gestellt, aber darauf eine eindeutige Antwort zu geben ist sehr schwer, denn Gefühle kann man nicht wiegen oder messen. Aber wir können uns ein paar Gedanken zu diesem Thema machen.

Wir glauben, dass es wichtig ist, den Unterschied zwischen Verliebtsein und Liebe zu kennen. Verliebtsein ist ein intensives, aufregendes und manchmal auch verwirrendes oder beängstigendes Gefühl, in dem man sich so verlieren kann, dass es schwer ist, überhaupt noch an irgendwas anderes zu denken. Manchmal verwechseln Menschen dann Verliebtsein mit Liebe, weil die Gefühle anfangs sehr ähnlich sind, aber Verliebtsein dauert meist nicht sehr lange, während echte Liebe dauerhaft ist. Außerdem muss man jemanden, in den man verliebt ist, nicht besonders gut kennen, aber um einen Menschen wirklich zu lieben, muss man ihn mit all seinen guten und schlechten Eigenschaften sehr gut kennen. Das bedeutet, dass Verliebtsein etwas sehr Plötzliches sein kann, während echte Liebe mehr Zeit braucht.

Viele Beziehungen fangen mit Verliebtsein an und manchmal wird Liebe daraus, aber natürlich kann das Verliebtsein sich auch legen, wenn man merkt, dass es doch nicht der oder die Richtige ist. Beziehungen können sich genauso gut auch ganz langsam und allmählich entwickeln, aber egal ob langsam oder schnell – in jedem Fall kommt man in jeder Liebesbeziehung früher oder später an einen Punkt, wo man sich fragt, ob die Beziehung wirklich gut ist. Dann kann es geschehen, dass man die Partnerschaft beendet, oder man entscheidet sich für das Zusammenbleiben, und wir sind der Meinung, dass eine Beziehung erst nach dieser Phase des Infragestellens und der Entscheidung, weiter zusammenbleiben zu wollen, wirklich auf dem Weg zu echter Liebe ist.

Liebe und Sex

Wenn zwei Menschen sich gefühlsmäßig zueinander hingezogen fühlen, ist es ganz natürlich, dass sie sich auch körperlich nah sein wollen. Das kann etwas so Einfaches sein wie Händchenhalten oder Küssen, aber auch etwas so Intimes wie Geschlechtsverkehr. Doch wie geht man dann mit seinem Wunsch nach körperlicher Nähe am besten um?

Manche junge Leute lösen diese Frage für sich ganz einfach, indem sie sich nach dem richten, was auch alle anderen tun. Doch manche wissen gar nicht so genau, was alle anderen tun. Außerdem bedeutet die Tatsache, dass alle anderen es tun, nicht automatisch, dass es auch für einen selbst richtig ist. Andere junge Menschen sind dagegen überhaupt nicht sicher, was für sie richtig oder falsch ist, weshalb wir im Unterricht – vor allem in den höheren Klassen – sehr viel Zeit mit diesem Thema verbringen, zu dem natürlich auch Schwangerschaftsverhütung und sexuell übertragbare Krankheiten gehören (siehe Seite 194ff. und Seite 192).

Das richtige Alter

»Ich würde so gern eine Freundin haben, aber ist man mit elf Jahren schon alt genug für Sex?«　*Tim, 11 Jahre*

»Ich bin zwölf und hab mich in einen Jungen in meiner Klasse verknallt, der mich auch mag. Ich habe aber Angst, mit ihm ins Bett zu gehen. Was soll ich machen?«
Corinna, 12 Jahre

»Ist es in Ordnung, wenn man sich gleich beim ersten Mal küsst?«　*Tommy, 12 Jahre*

Als mir diese Fragen zum ersten Mal gestellt wurden, war ich etwas geschockt, dass sie von Jungen und Mädchen in so jungem Alter kamen. Aber nachdem ich länger mit ihnen gesprochen hatte, verstand ich, warum. Meist lag es daran, dass sie falsche Vorstellungen von körperlicher Nähe hatten: Einige glaubten, dass Küssen oder andere Formen körperlicher Nähe wie Petting etwas ist, das sofort geschehen muss, wenn man mit jemandem zum ersten Mal weggeht. Andere dachten, dass die Tatsache, einen Freund oder eine Freundin zu haben, automatisch heißt, dass man auch Geschlechtsverkehr hat. Das stimmt natürlich nicht, aber es lässt sich leicht nachvollziehen, woher diese Vorstellungen kommen. In Büchern und Zeitschriften, im Fernsehen und

Kino wird oft der Eindruck vermittelt, als ob sich zwei Menschen, die sich gerade eben erst kennen gelernt haben, in der nächsten halben Stunde schon leidenschaftlich küssen und nach einer Stunde bereits im Bett sind.

Wenn es dir ähnlich geht, dann können dir die folgenden Ratschläge vielleicht helfen, deine Gefühle besser zu sortieren und herauszufinden, was du wirklich möchtest:

- Lass dich nicht durch das, was du liest, hörst oder siehst, durcheinander bringen. Wenn du zum ersten Mal mit einem Mädchen weggehst, heißt das nicht, dass du gleich mit ihr schlafen oder sie küssen musst. Weggehen ist schließlich eine Gelegenheit, einen anderen Menschen überhaupt erst mal kennen zu lernen, und vielleicht wollt ihr ja dann auch überhaupt keine körperliche Beziehung, wenn ihr euch besser kennt.

- Vergiss auch nie, dass nur du selbst über dich bestimmst und du nichts zu tun brauchst, was sich nicht richtig für dich anfühlt.

- Versuche zu unterscheiden, ob du eine bestimmte körperliche Nähe wirklich willst oder ob du damit vielleicht nur beweisen willst, dass du schon erwachsen bist oder dass du dadurch beliebter wirst.

- Dränge auch kein Mädchen, etwas zu tun, was es nicht möchte. Das Drängen geht zwar meist von den Jungen aus, aber auch Mädchen können einem Jungen zu verstehen geben, dass er kein »echter Mann« ist, wenn er sie nicht gleich beim ersten Mal küsst oder mit ihr schmust.

- Fall auch nicht auf Überredungskünste rein, zum Beispiel: »Wenn du nicht willst, dann suche ich mir eben jemand anders.« Oder: »Alle anderen tun das doch auch.« Wenn dir ein Mädchen so etwas sagt, dann dreh den Spieß einfach um und

Sexuell übertragbare Krankheiten und AIDS

Ehe du den ersten Geschlechtsverkehr hast, solltest du Bescheid wissen über die sexuell übertragbaren Krankheiten, die auch Geschlechtskrankheiten genannt werden. Sexuell übertragbare Krankheiten sind Infektionen, die meist durch sexuelle Kontakte übertragen werden, zu den bekanntesten gehören Gonorrhoe, Syphilis, Chlamydien, Feigwarzen und Herpes genitalis. Gonorrhoe, Chlamydien und Syphilis sind heilbar, sollten aber möglichst schnell behandelt werden, da sie sonst sehr ernsthafte Folgen haben können. Herpes genitalis und Feigwarzen kann man zwar behandeln, aber nicht heilen, da die Viren lebenslang im Körper bleiben. Unbehandelt kann eine akute Herpes-Infektion später bei der Geburt eines Kindes zu Schäden am Neugeborenen führen, während Feigwarzen das Risiko für bestimmte Krebserkrankungen erhöhen.

AIDS, das durch das HIV-Virus übertragen wird, ist die schwerste aller sexuell übertragbaren Krankheiten. Sie greift das Immunsystem des Körpers an und ist bislang noch nicht heilbar. Zwar kann AIDS heute mit Medikamenten behandelt werden, führt aber trotzdem meist zum Tod.

Bei sexuell übertragbaren Krankheiten ist es den Betroffenen oft peinlich, sich an einen Arzt zu wenden oder ihrem Partner zu sagen, dass sie ihn angesteckt haben könnten. Deshalb solltest du, ehe du Sex hast, die Symptome der sexuell übertragbaren Krankheiten kennen und auch wissen, wie du dich davor schützen kannst und was du tun musst, wenn du dich angesteckt hast. Hilfreiche Informationen dazu findest du im Anhang auf den Seiten 212 und 215.

sag ihm: »Wenn du mich magst, dann setz mich auch nicht unter Druck.« (Und wenn sie es doch tut, stellt sich die Frage, ob sie dich mag.)

Dass es nicht leicht ist zu lernen, mit der eigenen Sexualität umzugehen, ist kein Wunder, denn es gibt so viele Aspekte, die man dabei berücksichtigen muss – emotionale, körperliche und mitunter auch moralische. Deshalb ist es immer besser, sich in Ruhe mit all diesen Dingen zu beschäftigen, anstatt sich selbst unter Druck zu setzen (oder setzen zu lassen).

Letztlich bist natürlich du derjenige, der entscheidet, wie du mit deiner Sexualität umgehen willst, aber manchmal kann es auch hilfreich sein, mit anderen Menschen darüber zu sprechen. Schließ dabei aber deine Eltern als mögliche Gesprächspartner nicht automatisch aus, wie viele Jugendliche es tun, denn auch deine Mutter und dein Vater haben sich vermutlich genauso intensiv mit diesen Fragen beschäftigt wie du, als sie in deinem Alter waren. Zwar sind die Ansichten mancher Eltern mitunter etwas konservativer und strenger als die der meisten Jugendlichen, sodass viele erst gar nicht mit ihren Eltern darüber sprechen, aber sogar wenn dies bei deinen Eltern der Fall sein sollte, haben sie vielleicht gute Gründe für ihre Einstellungen. Und selbst wenn sie nicht völlig mit deinen Ansichten übereinstimmen sollten, können sie dir möglicherweise trotzdem manches sagen, das dir irgendwann nützen kann.

Sexualität und Schuldgefühle

Obwohl der Begriff »Sexualität« in diesem Buch bisher eigentlich gar nicht oft gefallen ist, haben wir eigentlich ständig über Sexualität gesprochen. Einige Menschen glauben zwar, dass Sexualität sich nur auf Geschlechtsverkehr bezieht, aber zur Sexua-

Methoden zur Schwangerschaftsverhütung

Auch wenn du noch keinen Sex haben solltest, ist es in jedem Fall sinnvoll, über Schwangerschaftsverhütung Bescheid zu wissen, und solltest du bereits Geschlechtsverkehr haben, ist dieses Thema umso wichtiger.

Wenn ein Paar miteinander schläft, aber kein Kind haben will, muss es sich um eine geeignete Schwangerschaftsverhütung kümmern. Manche Jugendliche glauben zwar, dass man nicht schwanger werden kann, wenn man zum ersten Mal Sex hat, aber das stimmt nicht, denn es gibt sehr viele Frauen und Mädchen, die gleich beim ersten Geschlechtsverkehr schwanger werden. Bei Jugendlichen, die schon eine Zeit lang ohne Verhütung Sex hatten, ohne dass das Mädchen schwanger wurde, entsteht auch häufig ein falsches Gefühl von Sicherheit, sodass sie glauben, es würde irgendwie weiter gut gehen. Aber auch das stimmt nicht, denn Tatsache ist, dass die Chancen für eine Schwangerschaft umso größer sind, je länger ein Paar ohne Verhütung miteinander schläft. Manche meinen auch, dass ihnen das schon irgendwie nicht passieren wird und nur andere Mädchen schwanger werden. Aber auch das ist ein Trugschluss, denn ohne Verhütung kann es bei jedem Paar zu einer Schwangerschaft kommen, und bei den meisten ist das auch früher oder später der Fall.

Es stimmt auch nicht, dass man eine Schwangerschaft dadurch verhüten kann, indem das Mädchen gleich nach dem Sex mehrmals in die Höhe springt oder eine Vaginaldusche anwendet, denn damit lassen sich die Spermien weder herausschütteln noch wegwaschen. Falsch ist auch, dass eine

Frau nicht schwanger werden kann, wenn sie während der Periode Sex hat. Nicht richtig ist außerdem die Annahme, eine Schwangerschaft lasse sich dadurch verhüten, dass der Mann den Penis vor dem Samenerguss aus der Scheide zieht. Vor dem Samenerguss produziert der Mann nämlich einige Tropfen Flüssigkeit in der Penisspitze, in der bereits Spermien enthalten sein können. Wenn der Mann dann seinen Penis vor dem Samenerguss zurückzieht, können schon einige Spermien in die Scheide gelangt sein. Und wenn der Samenerguss in der Nähe der Scheidenöffnung erfolgt, können die Spermien von dort aus trotzdem in die Scheide gelangen.

Damit es nicht zu einer unerwünschten Schwangerschaft kommt, kann man unter verschiedenen Verhütungsmethoden wählen:

- Bei richtiger Einnahme ist die Antibabypille die sicherste Verhütungsmethode, sie muss aber vom Arzt verschrieben werden. Wegen der Hormonwirkung wird sie jedoch von manchen Frauen und Mädchen nicht gut vertragen.

- Mädchen und Frauen, die die Pille nicht vertragen oder ablehnen, können sich vom Arzt auch die Spirale in die Gebärmutter einsetzen lassen. Sie verhindert, dass sich eine befruchtete Eizelle in die Gebärmutterschleimhaut einnisten kann, wird aber ebenfalls nicht von allen vertragen.

- Eine weitere relativ sichere Verhütungsmethode sind Kondome aus Latex, die vor dem Sex über den Penis gezogen werden und so verhindern, dass das Sperma während des Samenergusses in die Scheide gelangt. Kondome schützen auch vor sexuell übertragbaren Krankheiten (Seite 192) und sind rezeptfrei in der Apotheke, im Supermarkt, in Automaten und in Drogeriemärkten erhältlich.

Im Anhang auf den Seiten 212 und 215 findest du noch genauere Informationsmöglichkeiten und Kontaktadressen, an die du dich wenden kannst.

lität gehören auch Dinge wie deine Einstellung zur Sexualität und zu den körperlichen Veränderungen in der Pubertät, sexuelle Fantasien, Masturbieren, Doktorspiele in der Kindheit, homosexuelle Neigungen, Verliebtsein, Umarmen, Küssen, Petting und andere Formen der körperlichen Nähe.

Für die meisten Menschen ist Sexualität etwas sehr Privates, das nicht in die Öffentlichkeit gehört. Auch viele Jugendliche gehen in der Pubertät nicht mehr so unbefangen mit ihrem Körper um wie in der Kindheit und reagieren verlegen, wenn andere sie nackt sehen. Für die meisten ist Sexualität also eine ganz persönliche Sache, über die sie mit anderen nicht gerne sprechen. Aber in sexuellen Dingen schüchtern oder sogar ein wenig verlegen zu sein, ist völlig natürlich und bedeutet nicht, dass du verklemmt bist oder dass bei dir irgendetwas nicht stimmt.

Es gibt allerdings einen Unterschied zwischen dem Gefühl, dass Sexualität etwas Privates ist, und dem Gefühl, sich deshalb schuldig oder schmutzig zu fühlen. Wenn du diese Schuldgefühle kennst, dann frag dich doch mal, ob es einen konkreten Grund dafür gibt, das heißt, ob du etwas tust oder getan hast, was dir oder anderen schaden könnte oder geschadet hat. Ist das nicht der Fall, dann gibt es eigentlich auch keinen Grund für Schuldgefühle. Aber sie dann einfach abzuschalten wie eine Lampe, ist oft gar nicht so leicht.

Der Grund dafür ist, dass die Menschen sehr unterschiedliche Vorstellungen von dem haben, was richtig und was falsch ist. Nehmen wir zum Beispiel das Masturbieren, das auch heute noch bei manchen Jugendlichen Schuldgefühle verursacht, obwohl es unserer Meinung nach eine ganz normale, gesunde Sache ist. Früher gab es allerdings viele Menschen, die das ganz anders sahen und Masturbieren zur Sünde erklärten, sodass es anscheinend auch heute noch kein Thema ist, über das man einfach so spricht.

Schuldgefühle hängen also offensichtlich nicht nur davon ab, ob etwas einen Schaden verursacht, sondern auch davon, welche moralischen Vorstellungen eine Gesellschaft vertritt. Aber wenn man sich bewusst macht, woher die Schuldgefühle kommen, kann man sie meist auch leichter überwinden.

Sexuelle Gewalt

Manche Eltern vermeiden es, mit ihren Kindern über sexuelle Gewalt zu sprechen, weil sie ihnen nicht unnötig Angst machen wollen. Das ist zwar verständlich, aber Tatsache bleibt, dass es sexuelle Gewalt gibt und dass es sinnvoll ist, darüber Bescheid zu wissen für den Fall, dass man selbst einmal in eine solche Situation geraten sollte.

Vergewaltigung

Vergewaltigung heißt, dass man jemanden gegen seinen Willen mit Gewalt zum Sex zwingt. Jeder kann zum Opfer einer Vergewaltigung werden, vom kleinen Kind bis zum alten Menschen, doch die meisten Vergewaltigungen geschehen Frauen und Mädchen, aber auch Jungen oder Männer können von einem andern Mann vergewaltigt werden.

Viele Opfer sind danach so verstört, dass sie nur noch nach Hause und die ganze Sache möglichst rasch vergessen wollen. Aber die Betroffene braucht nach einer Vergewaltigung schnellstmöglich Hilfe, denn selbst wenn es keine äußeren Verletzungen gibt, kann es zu inneren Verletzungen gekommen sein, die medizinisch versorgt werden müssen. Wichtig ist auch ein Test, ob das Opfer möglicherweise mit einer sexuell übertragbaren Krankheit infiziert wurde (siehe Seite 192), weshalb man vor der ärztlichen Versorgung nicht duschen oder baden sollte. Wenn das Opfer eine Frau oder ein Mädchen in der Pubertät ist, kann auch die Einnahme der »Pille danach« sinnvoll sein, um eine mögliche Schwangerschaft zu verhindern (es sind allerdings auch schon Mädchen nach einer Vergewaltigung schwanger geworden, die noch gar keine Periode hatten!).

Mindestens genauso wichtig wie die medizinische Versorgung ist aber auch eine einfühlsame psychologische Betreuung, denn eine Vergewaltigung richtet bei den meisten Betroffenen nicht nur körperliche Schäden an, sondern verursacht auch tiefe seelische Wunden. Ein solches Trauma kann sehr schlimm sein und das Opfer lebenslang begleiten, wenn es keine psychologische Unterstützung bekommt.

Wenn du selbst zum Opfer einer Vergewaltigung werden solltest, versteck dich nicht zu Hause, sondern hol dir sofort jede nur mögliche Hilfe, denn die brauchst du dringend in einer solchen Situation! Das können deine Eltern oder andere erwachsene Familienmitglieder sein, aber auch Freunde oder andere Menschen, denen du vertraust. Wenn du dich niemandem anvertrauen willst, den du kennst, kannst du dich auch anonym an einen Notruf wenden, den es in jeder größeren Stadt gibt und dessen Telefonnummer du im Telefonbuch findest. Hier bekommst du erste Hilfe von Menschen, die sich mit einer solchen Situation sehr gut auskennen und die dir raten können, was du jetzt am besten tun kannst. Einige Telefonnummern und Adressen findest du auch im Anhang ab Seite 216.

Sexueller Missbrauch

Unter sexuellem Missbrauch von Kindern versteht man das Berühren, Streicheln oder Küssen der Geschlechtsorgane bis hin zum Geschlechtsverkehr. Missbrauch innerhalb der Familie ist eine der häufigsten Formen von sexuellem Missbrauch und bedeutet, dass ein Familienmitglied an einem anderen sexuelle Handlungen vornimmt. Natürlich ist Sex in der Partnerschaft bei erwachsenen Familienmitgliedern kein Missbrauch und ebenso wenig sind es die harmlosen Doktorspiele bei Geschwistern. Anders verhält es sich dagegen mit sexuellen Kontakten zwischen älteren Geschwistern, was man Inzest nennt, oder zwischen einem Kind und einem erwachsenen Familienmitglied, der als Missbrauch bezeichnet wird.

Die meisten Missbrauchsopfer in der Familie sind Mädchen jeden Alters vom Baby bis zum Teenager, aber auch Jungen können zum Opfer eines solchen Missbrauchs werden. Die Täter sind in der Regel Väter, Stiefväter, ältere Brüder, Onkel oder andere männliche Verwandte. Sexueller Missbrauch findet aber auch außerhalb der Familie statt, und die Täter sind dann meist Freunde oder Bekannte der Familie, Lehrer, Sporttrainer, andere Erwachsene oder sogar völlig Fremde.

Sexueller Missbrauch ist nicht mit so offener Gewalt verbunden wie bei einer Vergewaltigung, sondern meist drängt der Täter das Kind zu sexuellen Handlungen. Und weil die meisten Opfer durch das, was mit ihnen geschieht, so verstört sind, können sie sich auch nicht dagegen wehren oder irgendetwas tun, um zu verhindern, dass es wieder geschieht.

Wenn du selbst zum Opfer von sexuellem Missbrauch geworden bist, ist das Allerwichtigste, dass du es jemandem erzählst. Das kann allerdings mitunter sehr schwer sein, besonders wenn der Missbrauch innerhalb der Familie geschieht. Manchmal reagieren nämlich die Menschen, denen man sich dann am ehesten anvertrauen würde, also die Eltern (oder ein Elternteil), auf eine solche Mitteilung zuerst einmal damit, dass sie es einfach nicht glauben (können). In diesem Fall kannst du dich vielleicht an einen anderen Erwachsenen wenden, dem du vertraust und der dich ernst nimmt.

Wenn du aber niemanden kennst, dem du es erzählen könntest, dann wende dich am besten telefonisch oder direkt an eine der Kontaktadressen im Anhang ab Seite 216. Die Menschen, mit denen du dort sprichst, haben dafür eine besondere Ausbildung bekommen und können nachfühlen, was du durchmachst (einige von ihnen wurden selbst zu Missbrauchsopfern). Du brauchst dafür auch nicht deinen Namen oder deine Adresse anzugeben, und alles was du sagst, ist streng vertraulich, sodass nichts davon nach außen gelangt, wenn du es nicht willst.

Missbrauchsopfern fällt es deshalb oft so schwer, sich einem anderen Menschen anzuvertrauen, weil ihnen der Täter das Versprechen abgenommen oder ihnen gedroht hat, dass sie niemandem etwas davon erzählen dürfen. Aber es gibt Versprechen, die man nicht halten sollte, und auch eine Drohung sollte dich auf keinen Fall davon abhalten, dich einem anderen Menschen anzuvertrauen, damit du künftig besser geschützt werden kannst.

Ein weiterer Grund, warum manche Missbrauchsopfer ihre schrecklichen Erfahrungen verschweigen, ist die Annahme, dass es irgendwie auch ihre eigene Schuld ist, dass sie es nicht verhindert haben. Aber diese Annahme ist völlig falsch, denn ein solches Verbrechen ist immer die Schuld desjenigen, der es begeht – das Opfer trifft weder eine Schuld, noch hat es etwas falsch gemacht, und niemand braucht sich dafür zu schämen.

Nicht selten wollen die Opfer auch deshalb nichts erzählen, weil der Täter dann Schwierigkeiten mit der Polizei bekommt und eventuell sogar ins Gefängnis muss. Das geschieht meist dann, wenn der Täter zur Familie gehört, und der Gedanke an Polizei und Gefängnis erscheint dann auf den ersten Blick so schrecklich, dass man besser nichts sagt. Aber in der Regel ist das Erzählen für alle die beste Lösung, denn dadurch wird nicht nur das Opfer vor weiterem Missbrauch geschützt, sondern auch mögliche künftige Opfer wie Geschwister oder andere Kinder. Außerdem kommt der Täter meist in psychiatrische Behandlung, weil sexuellem Missbrauch an Kindern eine schwere seelische Erkrankung zugrunde liegt, die behandelt werden muss.

Einige Opfer verraten auch deshalb nichts, weil sie Angst haben, dass die Familie dann auseinander brechen könnte – dass die Eltern sich scheiden lassen und die Dinge noch schlimmer werden könnten, als sie es schon sind. Aber sexueller Missbrauch in der Familie ist sowieso schon so schlimm, dass es kaum noch schlimmer werden kann, und in einer solchen Situation brauchen das Opfer und die anderen Familienmitglieder dringend Hilfe. Diese Hilfe kann allerdings nur dann kommen, wenn das Opfer den ersten Schritt wagt und mit jemandem darüber spricht.

Bei den meisten Missbrauchsopfern kommt noch die Angst dazu, was wohl geschieht, wenn sie später einen Partner haben und dieser merken könnte, dass sie missbraucht wurden. Aber das ist nicht der Fall und niemand wird etwas davon erfahren, es sei denn, du selbst möchtest darüber sprechen.

Ein paar Worte
zum Schluss

In den letzten Kapiteln haben wir ausführlich über die körperlichen Veränderungen während der Pubertät gesprochen, aber natürlich gibt es in dieser Zeit auch viele seelische Berg- und Talfahrten. Manchmal geht es einem supergut, und man kann es kaum erwarten, endlich erwachsen zu werden, und dann gibt es wieder Zeiten, in denen man sich ohne ersichtlichen Grund plötzlich niedergeschlagen und deprimiert fühlt. Eine der Ursachen für diese Gefühlsschwankungen sind nach Meinung der Ärzte die Hormone, die in der Pubertät nicht nur einen großen Einfluss auf den Körper, sondern auch auf die Gefühle haben, und Seele wie Körper brauchen dann etwas Zeit, um sich an diese Umstellung zu gewöhnen. Aber die Hormone sind sicher nur eine Seite der wechselnden Himmelhoch-jauchzend-zu-Tode-betrübt-Zustände, denn mitunter können die vielen großen Veränderungen in der Pubertät so überwältigend sein, dass man sich ganz unsicher und ängstlich oder deprimiert fühlt. Ein Mädchen und ein Junge beschrieben ihre Gefühle, die auch viele andere Jugendliche teilen, auf diese Weise:

»Manchmal freu ich mich, dass ich jetzt älter werde, aber manchmal hab ich auch richtig Angst davor. Alle sagen zwar, dass das ganz normal ist, aber immer, wenn ich mich gerade mal wieder richtig gut fühle, werde ich auf einmal total deprimiert. Dann will ich überhaupt

nicht mehr erwachsen werden und nichts mit so schrecklichen Dingen wie Vergewaltigung, Krankheit und Tod zu
tun haben.« *Lisa, 12 Jahre*

»Ich bin jetzt 13 und habe manchmal Angst, weil ich gar
nicht weiß, wie ich mit all den Veränderungen fertig
werden soll und wie überhaupt alles mal für mich werden wird. Aber wenn mir dann was Schönes passiert oder
in der Schule alles gut läuft, geht's mir plötzlich
wieder super.« *Mario, 13 Jahre*

Diese Gefühle sind also ganz normal, und wenn du weißt, dass es
anderen Jungs in deinem Alter genauso geht, dann fühlst du dich
zwar vielleicht nicht automatisch besser, aber zumindest weißt
du, dass du damit nicht alleine bist. Manchmal sind Jugendliche
aber auch deshalb unglücklich, weil sie meinen, jetzt plötzlich so
schnell erwachsen werden zu müssen, wie diese beiden Jungs es
beschrieben:

»Ich versteh gar nicht, warum alle um mich herum wie
verrückt versuchen, möglichst schnell erwachsen zu
werden. Ich hab's überhaupt nicht eilig und finde es
auch ziemlich blöd, dass alle dauernd so cool sein wollen.« *Benni, 14 Jahre*

»Jetzt soll ich also erwachsen werden und Verantwortung übernehmen. Aber ich kann mir noch gar nicht richtig vorstellen, wie ich dann diese ganzen Entscheidungen treffen soll. In zwei Jahren fang ich mit der Ausbildung an und danach gehe ich arbeiten und habe vermutlich auch eine eigene Wohnung. Aber eigentlich weiß

ich überhaupt noch nicht, was ich mal werden will und
ob ich das wirklich alles schaffe. Wenn ich mir das so
überlege, würde ich manchmal am liebsten ein Kind bleiben.«

Tobias, 14 Jahre

Andere Jugendliche leiden unter dem Gegenteil – nämlich dass
die Erwachsenen und vor allem die Eltern sie anscheinend davon
abhalten wollen, erwachsen zu werden:

»Manchmal hasse ich meine Eltern – dauernd tun sie so,
als sei ich noch ein kleines Kind, meckern ständig an
mir rum und wollen mir immer noch vorschreiben, was ich
anziehen soll, wo ich hingehen darf und wo nicht, mit
wem ich weggehen darf, wann ich abends nach Hause kommen muss und so weiter. Sie lassen mich nie in Ruhe und
glauben wohl, dass ich nie erwachsen werde.«

Simone, 14 Jahre

Nicht alle Jugendlichen in der Pubertät haben automatisch Probleme mit den Eltern, aber bei den meisten gibt es zumindest hin
und wieder Konflikte, und manchmal kann sogar ein richtiger
Krieg daraus werden. Die Konflikte hängen meist mit den Veränderungen in der Beziehung zwischen Eltern und Kind zusammen,
die sich in der Pubertät ergeben, und diese Veränderungen zu akzeptieren ist für beide Seiten manchmal nicht ganz einfach.

Um besser zu verstehen, was da eigentlich geschieht, braucht
man sich eigentlich nur mal in die Lage aller Beteiligten zu ver-
setzen: Von Geburt an und während der ganzen Kindheit hängt
man in jeder Beziehung von seinen Eltern ab, und es ist die Aufgabe der Eltern, das Kind zu versorgen, es zu beschützen und
ihm so viel beizubringen, dass es später als Erwachsener unab-

hängig leben kann. Kinder brauchen also ihre Eltern viele Jahre lang, aber irgendwann in der Pubertät kommt der Punkt, an dem sie erwachsen werden, unabhängig sein und ihre eigenen Entscheidungen treffen wollen. Dann wird die bisherige Beziehung beendet und alle Beteiligten müssen jetzt nach und nach eine neue Beziehung aufbauen. Aber alte Gewohnheiten aufzugeben und dafür neue zu finden, ist nicht immer ganz leicht und erfordert von beiden Seiten viel Toleranz. Wenn du dich zum Beispiel ärgerst, weil sie dir vielleicht immer noch sagen wollen, was du anziehen oder tun sollst, obwohl du eigentlich schon alt genug bist, um solche Entscheidungen selbst zu treffen, dann denk einfach daran, dass deine Eltern das wahrscheinlich noch aus guter alter Gewohnheit tun und nicht, weil sie dich ärgern wollen.

Oft verändern sich während der Pubertät auch die Beziehungen zu den bisherigen Freundinnen und Freunden, und diese Veränderungen können viel Unsicherheit und Verwirrung mit sich bringen. Und wie mit den Eltern ist es dann auch nicht immer ganz leicht, alte Beziehungen aufzugeben und neue aufzubauen.

In diesen Jahren spielt meist die Zugehörigkeit zu einer Gruppe eine wichtige Rolle, denn durch die gleichen Interessen und ähnlichen Probleme wird alles etwas leichter und das Leben macht mehr Spaß, weil man sich akzeptiert fühlt und weniger einsam und unsicher ist. Aber Gruppen sind manchmal auch nicht ganz unproblematisch, etwa wenn man von einer bestimmten Gruppe nicht akzeptiert wird, obwohl man gern dazugehören würde, und man sich sehr einsam fühlt. Doch selbst wenn man von der Gruppe akzeptiert wird, kann es sein, dass man manchmal einen Preis dafür zahlen muss, nämlich dass man sich auf eine bestimmte Weise verhalten muss, damit man dazugehört. Und dass dieses Problem gar nicht so selten ist, haben uns einige Jugendliche bestätigt:

»Ich gehöre zur coolsten Gruppe in meiner Klasse, aber manchmal passieren da Dinge, die ich überhaupt nicht gut finde. Zum Beispiel lachen sie immer über die Mädchen, die nicht so beliebt sind, machen blöde Witze und tuscheln hinter ihrem Rücken. Aber weil ich dazugehören will, muss ich die Klappe halten, und hinterher geht's mir dann immer schlecht.«   *Valerie, 14 Jahre*

»Ich hasse die Schule, weil man sich da entweder anpassen muss oder zum Außenseiter wird. Wenn man zum Beispiel eine andere Meinung hat als die anderen, darf man sie nicht sagen, weil dann alle auf einem herumhacken. Man muss immer genau das Gleiche sagen wie alle, sonst ist man out.«   *Sven, 13 Jahre*

»Meine Freunde überreden mich immer wieder zu Sachen, die ich eigentlich gar nicht will. Ich gehöre zu einer Gruppe von Leuten, mit denen ich viel unterwegs bin, aber die trinken dann immer so viel und kiffen auch manchmal, weil das cool ist. Meine Eltern würden einen Riesenärger machen, wenn sie wüssten, was ich da tue, und eigentlich interessiert mich das auch gar nicht so, aber ich will eben nicht draußen stehen.«

Felix, 15 Jahre

Wie wir gesehen haben, besteht das Erwachsenwerden also aus sehr unterschiedlichen Erfahrungen. Einerseits kann man sich auf viele aufregende Dinge freuen, andererseits gibt es aber auch zahlreiche Veränderungen, die neu und ungewohnt sind: körperliche Veränderungen, Veränderungen im täglichen Leben, Veränderungen in der Beziehung zu den Eltern und Freunden. Vielleicht hat es ja schon mal irgendwo und irgendwann einen Jungen oder ein Mädchen gegeben, die in der Pubertät überhaupt keine Probleme hatten, aber da haben wir so unsere Zweifel. Wenn du wie die meisten anderen Jugendlichen bist, wird es in der Pubertät wahrscheinlich hin und wieder Zeiten geben, in denen dir die körperlichen und seelischen Veränderungen zu schaffen machen und du unsicher bist, was da jetzt eigentlich gerade mit dir passiert. Wir hoffen, dass dieses Buch dir helfen kann, mit deinen Problemen besser fertig zu werden, denn wenn du weißt, was da geschieht, und wenn du siehst, dass es allen anderen Jugendlichen in deinem Alter mehr oder weniger ähnlich geht, dann ist das schon fast die halbe Miete. Als weitere Hilfe haben wir außerdem im Anhang ab Seite 208 einige Bücher und Kontaktadressen angegeben, wo du dir noch mehr Informationen zu den verschiedenen Themen holen kannst.

nützliche Bücher und Adressen

Bücher über die Pubertät für Jungs

Alles, was Jungen wissen wollen; Trude Ausfelder; Heinrich Ellermann Verlag, 1998

Boywatching. Von Muttersöhnchen, bösen Jungs und Mr. Ultracool; Kathryn Lamb; Ueberreuter Verlag, 2002

Das erste Mal; Schulte und Gerth Verlag, 1999

Das Jungen Fragebuch; Sylvia Schneider; Ueberreuter Verlag, 1993

Die härtesten Jahre. Oder wie man die Pubertät überlebt; Steve Barlow, Steve Skidmore; Ueberreuter Verlag, 1998

Eintausend (1000) Jungenfragen; Tim Hüsch; Loewe Verlag, 1998

Endlich … ich werde erwachsen. Ratgeber für Teenager … und ihre Eltern; James Dobson; Edition Trobisch, 1997

First Love. Alles über Liebe und Sexualität; Patricia Mennen; Ravensburger Verlag, 2001

Herzklopfen; Tatjana Gerhard; Scao Verlag, 2000

Hey, Kopf hoch – Teen sein ist cool; Regina Letzel-Preuß; Schmitz Verlag, 2000

Hilfe, meine Familie nervt; Markus Limacher; Rex Verlag, 2000

Jungs – und wie sie wirklich funktionieren. So fühlen, denken, träumen sie; Maria Coole; Ueberreuter Verlag, 2001

Lieb mich, wie ich bin. Klartext für Jungen und Mädchen; Gerlinde Ortner; Goldmann Verlag, 2000

Nimm's selbst in die Hand. Wenn Eltern, Schule und Freunde Probleme machen; Petra Rietz; VAK, 2001

Perfect Boys. Das Powerbuch für Jungs; Sylvia Schneider; Ueberreuter Verlag, 1998

Pickel, Sex und immer Krach. Pubertät – der schwierige Weg ins Erwachsenenleben; Astrid Kaiser; Südwest Verlag, 2000

Power-Talk für Teens. Über den Umgang mit anderen; Rosi Rusthon; Ueberreuter, 1998

Pubertät: Die eigene Kraft entdecken; Volker Friebel, Marianne Kunz; Rowohlt Verlag, 2001

*Pubertät? Kein Grund zur Panik. Ein Buch für Töchter, Söhne, Mütter und Vä-
ter;* Cornelia Nitsch; Mosaik Verlag, 2001

Reine Jungensache. Der Ratgeber mit vielen coolen Tips; Tim Hüsch; Loewe
Verlag, 1996

So ist das mit den Mädchen. So ist das mit den Jungen. Ein Aufklärungsbuch;
Sylvia Schneider; Arena Verlag, 2000

Teenagerjahre. Die harten Fakten. Basiswissen für Jungs; Jeremy Daldry; Ueberreuter Verlag, 1999

Von Zwölf bis Sechzehn. Abenteuer Pubertät; Gisela Preuschoff; Papyrossa
Verlag, 2001

Weil ich dich verstehen will. Worüber Mädchen und Jungen reden möchten;
Uschi Flacke; Ueberreuter Verlag, 1999

*Wenn Gefühle Achterbahn fahren. Pubertätskrisen und wie man sie überwin-
det;* Barbara Büchner; Ueberreuter Verlag, 2000

Bücher über die Pubertät für Mädchen

All about girls. Für Mädchen, die es wissen wollen; Sylvia Schneider; Arena
Verlag, 1998

*Alles, was Mädchen wissen wollen. Infos und mehr für die aufregendsten Jah-
re des Lebens;* Trude Ausfelder; Heinrich Ellermann Verlag, 1997

Boywatching. Von Muttersöhnchen, bösen Jungs und Mr. Ultracool; Kathryn
Lamb; Ueberreuter Verlag, 2002

Das andere Mädchenbuch; Patricia Mennen; Ravensburger Verlag, 2000

Das erste Mal; Schulte und Gerth Verlag, 1999

Das Mädchen-Fragebuch. Wachsen und erwachsen werden; Sylvia Schneider;
Ueberreuter Verlag, 1992

Das starke Buch für Mädchen; Cornelia von Schelling, Brigitte Beil; Mosaik
Verlag, 1999

Der Trend bist du. Wie du deinen eigenen Typ findest; Ayse Ölcer, Hatice
Öcal; Ueberreuter Verlag, 1999

Die härtesten Jahre. Oder wie man die Pubertät überlebt; Steve Barlow, Steve Skidmore; Ueberreuter Verlag, 1998

Endlich ... ich werde erwachsen. Ratgeber für Teenager ... und ihre Eltern; James Dobson; Edition Trobisch, 1997

First Love. Alles über Liebe und Sexualität; Patricia Mennen; Ravensburger Verlag, 2001

Girl Power; Caroline Plaisted; Kerle Verlag, 1998

Girls, Girls, Girls. Alles was ihr über Boys, Sex, Liebe und Beauty wissen müsst; Barbara Poche, Norman Filz; Ueberreuter Verlag, 2001

Herzklopfen; Tatjana Gerhard; Scao Verlag, 2000

Hey, Kopf hoch – Teen sein ist cool; Regina Letzel-Preuß; Schmitz Verlag, 2000

Hilfe, meine Familie nervt; Markus Limacher; Rex Verlag, 2000

Just for girls; Michaela Böhm; Loewe Verlag, 1998

Küss mich. Das Liebe-Lesebuch; Brigitte Young Miss; Rowohlt Verlag, 1999

Lieb mich, wie ich bin. Klartext für Jungen und Mädchen; Gerlinde Ortner; Goldmann Verlag, 2000

Mädchen. 1000 Fragen, alle Antworten; Gaby Schuster; Loewe Verlag, 2001

Nimm's selbst in die Hand. Wenn Eltern, Schule und Freunde Probleme machen; Petra Rietz; VAK Verlag, 2001

Nur für Mädchen. Alles was du wissen willst; Regina Höppner; Hänssler Verlag, 1999

Pickel, Sex und immer Krach. Pubertät – der schwierige Weg ins Erwachsenenleben; Astrid Kaiser; Südwest Verlag, 2000

Power-Talk für Teens. Über den Umgang mit anderen; Rosi Rusthon; Ueberreuter Verlag, 1998

Pubertät: Die eigene Kraft entdecken; Volker Friebel, Marianne Kunz; Rowohlt Verlag, 2001

Pubertät? Kein Grund zur Panik. Ein Buch für Töchter, Söhne, Mütter und Väter; Cornelia Nitsch; Mosaik Verlag, 2001

Ratgeber für Mädchen zwischen 10 und 16; Miriam Stoppard; Urania Verlag, 1999

Reine Mädchensache. Der Ratgeber mit vielen heißen Tips; Gaby Schuster; Loewe Verlag, 1994

So ist das mit den Mädchen. So ist das mit den Jungen. Ein Aufklärungsbuch; Sylvia Schneider; Arena Verlag, 2000

Teenage Barbie; Francesca Lia Block; Ravensburger Verlag, 2001

Thirteen Something. Ein Überlebensratgeber für Teens; Jane Goldman; Kerle
Verlag, 1997

Von Zwölf bis Sechzehn. Abenteuer Pubertät; Gisela Preuschoff; Papyrossa
Verlag, 2001

Weil du ein Mädchen bist; Uschi Flacke; Gütersloh Verlag, 1996

Weil ich dich verstehen will. Worüber Mädchen und Jungen reden möchten;
Uschi Flacke; Ueberreuter Verlag, 1999 (ab 12 J.)

Weil ich ein Mädchen bin. Coole Tipps fürs Frauwerden; Nancy Rue; Schulte
und Gerth Verlag; 2001

Weil ich ein Mädchen bin. Stark und selbstbewusst durch die Pubertät; Carol
Eagle, Carol Coldman; Patmos Verlag, 1999

Weil wir Mädchen sind. Christine Lange, Irene Müller; Rowohlt Verlag, 1997

Weil wir was zu sagen haben. Mädchen über Liebe, Lust und Launen; Uschi
Flacke; Ueberreuter Verlag; 1998

Wenn aus Mädchen Frauen werden. Das Buch für Töchter und Mütter; Gisela Preuschoff; Herder Verlag, 2001

*Wenn Gefühle Achterbahn fahren. Pubertätskrisen und wie man sie überwin-
det;* Barbara Büchner; Überreuter Verlag, 2000

Bücher für Eltern

Das können doch nicht meine sein. Gelassen durch die Pubertät; Elisabeth
Raffauf; Beltz Verlag, 2000

Endlich ... ich werde erwachsen. Ratgeber für Teenager ... und ihre Eltern;
James Dobson; Edition Trobisch, 1997

*Gemeinsam die Magersucht besiegen. Ein Leitfaden für Betroffene, Freunde
und Angehörige;* Janet Treasure; Beltz Verlag, 2001

*Ich verstehe mein Kind nicht mehr. So helfen Sie sich und Ihrem Teenager
durch die Pubertät;* Wolfgang Thielke; Midena Verlag, 1999

Irrgarten Pubertät. Elternängste; Max Friedrich; Deutsche Verlags-Anstalt
1999

*Iß doch endlich mal normal. Hilfe für Angehörige von eßgestörten Mädchen
und Frauen.* Bärbel Wardetzki; Kösel Verlag, 1996

Jugendliche brauchen Werte; Björn Wrangsjö; Scherz Verlag, 1999

*Pubertät ist, wenn die Eltern schwierig werden. Tagebuch einer betroffenen
Mutter;* Marianne Arlt; Herder Verlag, 2000

Pubertät. Konflikte verstehen. Lösungen finden. Chancen erkennen; Roswitha Spallek; Kreuz Verlag, 2001

Pubertät. Loslassen und Haltgeben; Jan-Uwe Rogge; Rowohlt Verlag, 2000

Puberterror. Ratgeber für alle, die mit Jugendlichen zu tun haben; Thomas Baier; Care Line, 1997

Rebellen ohne Führerschein. Wie Sie die Pubertät Ihres Kindes überleben; Fred Mednick; Beltz Verlag, 1998

Sanfte Landung für Kamikaze Kids; H.G. Coombs; Hermann Bauer Verlag, 1996

So richtig Pubertät. Was Eltern lassen sollten und was sie tun können; George Orvin; Herder Verlag, 2000

Warum gerade mein Kind? Interviews mit Eltern homosexueller Kinder; Heidi Hassenmüller, Hans Georg Wiedemann.

Welt ich komme. Der Pubertät 2. Teil. Tagebuch einer entnervten Mutter; Marianne Arlt; Herder Verlag, 1995

Wenn Kinder Jugendliche werden; Manuela Ullrich; Juventa Verlag, 1999

Wie sie sich fühlen, was sie sich wünschen; Petra Milhoffer; Juventa Verlag, 2000

Bücher über Menstratuation, Periodenschmerzen, PMS, Schwangerschaftsverhütung, sexuell übertragbare Krankheiten/Aids

Das Schwarzmond-Tabu. Die kulturelle Bedeutung des weiblichen Zyklus; Jutta Voss; Kreuz Verlag, 1988

Diese Tage. Was du niemals fragen würdest, aber wissen möchtest; Karen Gravelle; Achterbahn Verlag, 1997

Dieses kleine Stück Watte; Renate Waschek; W. Pieper Verlag, 1997

Drachenzeit; Luisa Francia; Frauenoffensive Verlag, 2000

Frauenkörper, Frauenweisheit; Christiane Northrup; Zabert Sandmann Verlag, 2000

In der Regel gute Tage; Sylvia Schneider; Ueberreuter Verlag, 1999

Problemlos durch die Tage. Was Mädchen über die Periode wissen möchten; Tricia Kreitman; Ueberreuter Verlag, 2002

Roter Mond. Von der Kraft des weiblichen Zyklus; Miranda Gray; Goldmann Verlag, 1999

Bücher über Bulimie und Magersucht (Anorexie)

Alice im Hungerland. Leben mit Bulimie und Magersucht; Marya Hornbacher;
Ullstein Verlag 2001

Auf hauchdünnem Eis. Geschichte einer Magersucht; Shanon Christian, Margaret Johnson; Oncken Verlag, 1999

Ausbrechen. Bulimie verstehen und überwinden; Verena Böning; Urban & Fischer Verlag, 2000

Bulimie. Wenn Nahrung und Körper die Mutter ersetzen; Cordula Keppler;
Walter Verlag, 2000

Das Land, in dem ich sterbe. Die wahre Geschichte meiner Schwester; Fawzia Zouari; Ullstein Verlag, 2000

Der goldene Käfig. Das Rätsel der Magersucht; Hilde Bruch; Fischer TB-Verlag, 1998

Der Weg zurück ins Leben. Magersucht und Bulimie verstehen und heilen;
Peggy Claude-Pierre; Fischer TB-Verlag, 2001

Die Bulimie besiegen. Ein Selbsthilfe-Programm; Ulrike Schmidt, Janet Treasure; Beltz Verlag 2000

Fremd-Körper; Gesa Herbst; Rowohlt Verlag, 2001

Gemeinsam die Magersucht besiegen. Ein Leitfaden für Betroffene, Freunde und Angehörige; Janet Treasure; Beltz Verlag, 2001

Hunger nach weniger. Geschichte einer Magersucht; Jessica Antonis; Ueberreuter Verlag, 2001

Magere Zeiten. Das Jahr, in dem ich erwachsen wurde; Lori Gottlieb; Econ TB-Verlag, 2000

Magersucht und Bulimie. Verstehen und bewältigen; Monika Gerlinghoff, Beltz Verlag, 1999

Magersucht und Eßsucht. Ursachen, Beispiele, Behandlung; Charlotte Buhl;
Trias Verlag; Stuttgart, 1991

Majas Macht; Heidi Hassenmüller; Heinrich Ellermann Verlag, 2001

Mein Körper, mein Feind; Claire Beeken, Rosanna Greenstreet, Lübbe Verlag, 1998

Raus damit. Bulimie: ein autobiographischer Ratgeber; Dolores Schmidinger;
Orac Verlag 1998

SuperSchlank? Zwischen Traumfigur und Essstörungen; Kathryn Seyfahrt;
Kösel Verlag, 2000

Wege aus der Eßstörung; Monika Gerlinghoff, Herbert Backmund; Trias Verlag, 1991

Wie lasse ich meine Bulimie verhungern? Margret Gröne; Carl-Auer-Systeme-Verlag, 1999

Bücher über Homosexualität

Schwule, Lesben, Bisexuelle. Lebensweisen, Vorurteile, Einsichten; Udo Rauchfleisch; Vandenh.-u.-R.-Verlag, 1996

Am I Blue? 14 Stories von der anderen Liebe; Marion Bauer; Ravensburger Buchverlag, 2000

Rollenspiele; Hans Olson; Bertelsmann Verlag, 2000

Ich mach mir nichts aus Mädchen. Wenn Jungs schwul sind. Ein Ratgeber; Maximilian Geißler, Andrea Przyklenk; Kösel Verlag, 1998

Out now. Das Coming-out-Buch für Jungen; Heinrich Ellermann Verlag, 2000

Gemischte Gefühle. Ein Lesebuch zur sexuellen Orientierung; Joachim Braun, Beate Martin, Rowohlt Verlag, 2000

Jane liebt Julia. Das Coming-Out-Buch; Pia Werner, Barbara Wörmann, Droemer Knaur Verlag, 2000

Nützliche Internet-Adressen
Treffpunkt für Teenager

• www.youngavenue.de

Hier hast du einen Raum, in dem du mit Gleichaltrigen über deinen Alltag zu Hause, in der Schule und der Freizeit chatten, diskutieren und mailen kannst. Hier kannst du aber auch mit erfahrenen Therapeuten Verbindung aufnehmen, und deine Fragen, Probleme, Ängste und Sorgen über die Help-Line auch anonym per E-Mail mitteilen, egal ob es um zerbrochene Freundschaften, Stress mit den Lehrern, Ärger mit den Eltern, Essprobleme oder Angst vor (oder nach) dem ersten sexuellen Kontakt geht. Erfahrene Mitarbeiterinnen und Mitarbeiter werden dir dann direkt antworten und geben dir Informationen über Hilfe-Hotlines und Beratungsstellen in deiner Nähe. Im »Ärztehaus« kannst du zum Beispiel erste Informationen rund um die Themen abholen, die dich interessieren, oder direkt an eine Ärztin schreiben, die dir innerhalb weniger Tage ganz individuell eine Antwort gibt. In der »Anwaltskanzlei« kannst du Fragen an eine junge Anwältin stellen, die dir dann per E-Mail weiterhilft, aber du kannst dich auch in allgemeinen Fragen an Psychologen und Pädagogen wenden, die dich mit ihrem Wissen unterstützen.

- www.teenyweb.de
- www.willy-online.de

Bulimie und Magersucht (Anorexie)

- www.magersucht-online.de
  Umfassende Informationen zur Magersucht, Ursachen und Risiken dieser Essstörung, ausgewählte Literatur und Links zum Thema, Berichte Betroffener und Adressen, bei denen man Hilfe bekommen kann. Informationen zur Therapie von Essstörungen und wie man den richtigen Therapeuten findet.
  - *Für Betroffene:* Habe ich eine Essstörung? Woran kann ich das erkennen und wo kann ich Hilfe bekommen?
  - *Für Angehörige:* Informationen über Essstörungen und Unterstützung der Betroffenen auf dem Weg der Heilung.
  - *Mit Online-Chat* über Themen rund um Essstörungen (auch anonym)
  - *Adressen von Beratungsstellen* in Deutschland, Österreich und der Schweiz.

Aufklärung und Schwangerschaftsverhütung

- www.sexundso.de
- www.verhuetung-abc.de
- www.aufklaerungs-homepage.de
- www.ikk.de
- www.pille.com
- www.kondomberater.de
- www.sextra.de
- www.profamilia.de
- www.loveline.de

Sexuell übertragbare Krankheiten und AIDS

- www.aidshilfe.de
- www.aidsaufklaerung.de

Homosexualität

- www.lambda-online.de
- www.sexundso.de
- www.lesbenberatung.de
- www.schwulenberatung.de

Sexueller Missbrauch/sexuelle Belästigung

- **www.initiative-gegen-gewalt.de**
  Initiative gegen Gewalt und sexuellen Missbrauch an Kindern und Jugendlichen e.V.
- **www.kinderschutz-bitburg-pruem.de**
  Intessengemeinschaft für Kinderschutz e.V. Bitburg-Prüm
  Beratung und Hilfe bei Vernachlässigung, Misshandlung und sexuellem Missbrauch von Kindern und Jugendlichen.
- **www.schufek.de**
  Schutzgemeinschaft für Eltern und Kinder (SCHUFEK) informiert über den sexuellen Missbrauch von Kindern.
- **www.Roslies-Wille-Nopens.de**
  Interessengemeinschaft zur Verhütung sexuellen Missbrauchs an Kindern e.V. unterstützt Opfer sexueller Gewalt durch Vermittlung von Therapeuten oder Rechtsbeiständen.
- **www.stolen-lives.org**
  Interessenvereinigung, die bei den Behörden für einen konstanten Fahndungsdruck in Fällen von vermissten und missbrauchten Kindern sorgen will.
- **www.kjnt.de/allerleirauh/frame.html**
- **www.kinderschutzzentrum.de** (Adressen siehe Seite 217ff.)

Mädchen- und Frauennotruf

- **Alzey:** Frauenberatungsstelle, Tel. 06731/7217 oder 7227
- **Bad Honnef:** Frauenzentrum Frauen für Frauen e.V., Tel. 02224/10548
- **Berlin:** Frauenselbsthilfe – Frauen gegen Gewalt an Frauen e.V., Tel. 030/3733008
- **Berlin:** Frauenhausladen, Tel. 030/3914947
- **Bitterfeld:** Erziehungs- und Familienberatungsstelle, Diakonieverein e.V., Tel. 03493/42649

- **Bottrop:** Frauenzentrum Courage, Tel. 02041/63593
- **Bremen:** Frauenladen, Tel. 0421/702781
- **Burgdorf:** Frauen- und Mütterzentrum Burgdorf e.V., Tel. 05136/896979
- **Dortmund:** Notruf für sexuell belästigte und vergewaltigte Frauen e.V., Tel. 0231/160999
- **Dresden:** Frauen- und Mädchengesundheitszentrum Medea e.V., Tel. 0351/8495679
- **Eckernförde:** Frauen- u. Mädchentreff, Tel. 04351/3570
- **Erfurt:** Tel. 0361/5656510
- **Freiburg im Breisgau:** Frauenhorizonte gegen sexuelle Gewalt, Tel. 0761/28585-85
- **Gießen:** Beratungsstelle für Mädchen und Frauen in Not- und Krisensituationen, Tel. 0641/74349
- **Hamburg:** Wohn- und Beratungsangebot, Schutz vor Gewalt für minderjährige Frauen, Tel. 040/42849265
- **Hamburg:** Für minderjährige Frauen, Tel. 040/63200265
- **Heidenheim:** Tel. 07321/22252
- **Kiel:** Frauentreffpunkt Beratung u. Information für Frauen e.V., Tel. 0431/524241
- **Lübeck:** Tel. 0451/704640
- **Magdeburg:** Interventionsprojekt für Opfer sexualisierter Gewalt e.V., Tel. 0391/7338391
- **Pforzheim:** Lilith Mädchentreff, Tel. 07231/353433
- **Pulheim:** Frauen und Kulturcafé, Tel. 02238/82581
- **Schwäbisch Hall:** Frauenzentrum Notruf für Frauen und Kinder e.V., Tel. 0791/85444
- **Traunstein:** Frauen für Mädchen e.V., Tel. 0861/8371
- **Trier:** Tel. 0651/49777
- **Unna:** Frauenforum im Kreis Unna e.V., Tel. 02303/983354
- **Waren:** Frauen- und Mütterschutzzentrurn, Tel. 03991/165111
- **Wetzlar:** Mädchenberatung, Tel. 06441/45107

Kinderschutzzentren

- Kinderschutz-Zentrum Gütersloh, Marienfelderstr. 4, **33330 Gütersloh,** Tel. 05241/14999, Fax: 05241/14998, E-Mail: SPFH@freenet.de

- Kinderschutz-Zentrum Göppingen, Marktstr. 52, **73033 Göppingen,**
  Tel. 07161/969494, Fax: 07161/969495
- Kinderschutz-Zentrum Hamburg, Emilienstr. 78, **20259 Hamburg,**
  Tel. 040/4910007, Fax: 040/4911691,
  E-Mail: Kinderschutz-Zentrum@hamburg.de
- Kinderschutz-Zentrum Hamburg-Harburg,
  Eißendorfer Pferdeweg 40a, **21075 Hamburg-Harburg,**
  Tel. 040/7901040, Fax: 040/79010499,
  E-Mail: Kinderschutzzentrum-Harburg@hamburg.de
- Kinderschutz-Zentrum Hannover, Schwarzer Bär 8, **30449 Hannover,**
  Tel. 0511/92400200, E-Mail: hannover@kinderschutzzentrum.de
- Kinderschutz-Zentrum Heidelberg, Adlerstr. 1/6, **69123 Heidelberg,**
  Tel. 06221/739210, Fax: 06221/7392150
- Kinderschutz-Zentrum Westküste, Theodor-Storm-Str. 7, **25813 Husum,**
  Tel. 04841/691450, Fax: 04841/691459,
  E-Mail: Kinderschutz-ze@diakonischeswerk-husum.de
- Kinderschutz-Zentrum Kiel, Zastrowstr. 12, **24114 Kiel,**
  Tel. 0431/122180, Fax: 0431/16888,
  E-Mail: Kinderschutz_Zentren_kiel@gmx.de
- Kinderschutz-Zentrum Köln, Spichernstr. 55, **50672 Köln,**
  Tel. 0221/57777-0, Fax: 0221/57777-11,
  E-Mail: Kinderschutzzentrum@kinderschutzbundkoeln.de
- Kinderschutz-Zentrum Leipzig, Brandvorwerkstr. 80, **04275 Leipzig,**
  Tel. 0341/9602837, Fax: 0341/9602838,
  E-Mail: KSZ04275@telda.net
- Kinderschutz-Zentrum Lübeck, An der Untertrave 77, **23552 Lübeck,**
  Tel. 0451/78881, Fax: 0451/72295, E-Mail: kiz-luebeck@freenet.de
- Kinderschutz-Zentrum Mainz, Lessingstr. 25, **55118 Mainz,**
  Tel. 06131/613737, Fax: 06131/670504, E-Mail: kszrmainz@aol.com
- Kinderschutz-Zentrum München, Pettenkoferstr. 10a, **80336 München,**
  Tel. 089/555356, Fax: 089/55029562,
  E-Mail: kinderschutzzentrum@link-m.de
- Kinderschutz-Zentrum Oldenburg – Vertrauensstelle Benjamin –
  Friederikenstr. 3, **26135 Oldenburg,**
  Tel. 0441/17788, Fax: 0441/2489800, E-Mail: KSZ-VB@nwn.de

- Kinderschutz-Zentrum Saarbrücken, Graf-Johann-Str. 2,
  66121 Saarbrücken, Tel. 0681/69191, Fax: 0681/635440
- Kinderschutz-Zentrum Stuttgart, Pfarrstr. 11, **70182 Stuttgart,**
  Tel. 0711/238900, Fax: 0711/2389018
- Kinder- und Jugendschutzdienst »Allerleirauh«, Bahnhofstr. 17,
  98527 Suhl, Tel. 03681/309990, Fax: 03681/309988,
  E-Mail: KJSD.Suhl@t-online.de

Beratungsstellen für Mädchen und Jungen, Frauen und Männer

- Fachberatungsstelle des DKSB, Hilfe und Fachberatung bei sexueller
  Gewalt, Schillerstr. 14a, **23795 Bad Segeberg**, Tel. 04551/38888
- Pro Familia, MISS-Beratungsstelle für betroffene sexueller Gewalt,
  Calandstr. 7/8, **18528 Bergen auf Rügen**, Tel. 03838/254545
- KIZ – Kind im Zentrum, Sybelstr. 30, **10629 Berlin**, Tel. 030/3247090
- Lichtblick Buxtehude, Berta-von-Suttner-Allee 4, **21614 Buxtehude**,
  Tel. 04161/714715
- AWO-Beratungsstelle gegen häusliche Gewalt und sexuellen
  Missbrauch – AUSWEG, Schaufußstr. 27, **01277 Dresden**,
  Tel. 0351/3100221
- Kinderschutzdienst Haut-Nah, Ammertalweg 29, **99086 Erfurt**,
  Tel. 0361/7310124
- AWO-Beratungszentrum, Lore-Agnes-Haus, Lützowstr. 32, **45141 Essen**,
  Tel. 0201/3105-3
- Wagemut, Beratungsstelle für sexuell missbrauchte Mädchen
  und Jungen, Pro Familia, Marienstr. 29–31, **24937 Flensburg**,
  Tel. 0461/9092630
- Wendepunkt e.V., Hornusstr. 16, **79102 Freiburg**, Tel. 0761/7071191
- DUNKELZIFFER e.V., Hegestr. 2, **20251 Hamburg**,
  Beratungstelefon: 040/39901828, E-Mail: info@dunkelziffer.de
- Allerleirauh, Helmholtzstr. 1, **76124 Karlsruhe**,
  Tel. 0721/1335381 oder 1335382
- Zartbitter e.V., Kontakt- und Informationsstelle gegen sexuellen
  Missbrauch an Kindern und Jugendlichen, Sachsenring 2–4,
  50677 Köln, Tel. 0221/312055

- Sag' es e.v., Kontakt- und Informationsstelle gegen sexuellen Missbrauch an Mädchen und Jungen, Düsseldorfer Str. 16, **40740 Langenfeld**, Tel. 02173/82765
- Zornröschen e.v., Verein gegen sexuellen Missbrauch an Mädchen und Jungen, Regentenstr. 108, **41061 Mönchengladbach,** Tel. 02161/208886
- Zartbitter Münster e.V., Bahnhofstr. 6, **48143 Münster**, Tel. 0251/4140555
- KOBRA e.V., Beratungsstelle gegen sexuelle Gewalt an Mädchen und Jungen, Hölderlinstr. 20, **70174 Stuttgart**, Tel. 0711/162970

Beratungsstellen nur für Jungen und Männer

- MANNEGE, Information und Beratung für Männer, Tucholskystr. 11, **10117 Berlin**, Tel. 030/28389861
- Widerspruch Kiel, Königsweg 9, **24103 Kiel**, Tel. 0431/674943

Beratungsstellen nur für Mädchen und Frauen

- Wildwasser Berlin e.V., Mehringdamm 50, **10961 Berlin,** Tel. 030/7865017
- Schattenriss, Beratungsstelle gegen sexuellen Missbrauch an Mädchen e.V., Watjenstr. 140, **28237 Bremen**, Tel. 0421/617188
- Wildwasser Gießen e.V., Liebigstr. 13, **35390 Gießen,** Tel. 0641/76545
- Violetta, Beratungsstelle gegen sexuellen Mißbrauch an Mädchen Seelhorststr. 11, **30175 Hannover**, Tel. 0511/855554
- I.M.M.A., Beratungsstelle für Mädchen und Frauen, An der Hauptfeuerwache 4, **80331 München**, Tel. 089/260731
- Mädchenprojekt Rostock Selma, Ernst-Haeckel-Str. 1, **18059 Rostock,** Tel. 0381/4000412
- Nele, Beratung gegen sexuelle Ausbeutung von Mädchen, Kronenstr. 1, **66111 Saarbrücken**, Tel. 06151/25571

Register